BEATRIZ RODRÍGUEZ BASULTO

•

EL PROBLEMA DE LA INTERPRETACIÓN DEL REGISTRO ARQUEOLÓGICO

EXPERIENCIAS DEL GABINETE DE ARQUEOLOGÍA DE LA HABANA VIEJA, CUBA

BEATRIZ RODRÍGUEZ BASULTO

•

EL PROBLEMA DE LA INTERPRETACIÓN DEL REGISTRO ARQUEOLÓGICO

EXPERIENCIAS DEL GABINETE DE ARQUEOLOGÍA DE LA HABANA VIEJA, CUBA

Primera edición, 2013

Rodríguez Basulto, Beatriz
El problema de la interpretación del registro arqueológico : experiencias del gabinete de arqueología de La Habana, Cuba . - 1a ed. - Buenos Aires : Aspha, 2013.
118 p. : il. ; 24x17 cm.

ISBN 978-987-28832-6-3

1. Arqueología. I. Título
CDD 930.1

Fecha de catalogación: 08/07/2013

Diseño y diagramación: Odlanyer Hernández de Lara
Revisión y corrección de estilos: Larisa Cepero Figueras

Virrey Liniers 340. 3ro. L. (1174)
Ciudad Autónoma de Buenos Aires
Argentina
Telf. (5411) 4864-0439
asphaediciones@gmail.com
www.asphaediciones.com.ar

IMPRESO EN ARGENTINA / PRINTED IN ARGENTINA

Hecho el depósito que establece la ley 11.723

A mi hija Gabriela, y a mis padres

Al Gabinete de Arqueología
de la Oficina del Historiador de la Ciudad de La Habana

"Los rasgos definitorios del carácter de las actividades, la organización del trabajo empleado en su ejecución y el uso previsto de un lugar en relación al sistema global de subsistencia del asentamiento, están codificados en la organización de la estructura del yacimiento".

Lewis Binford (2004)
En busca del pasado.

"...queda todavía en pie la pregunta de qué partes de las ciencias sociales han adquirido ya paradigmas. La historia muestra que el camino hacia un consenso firme de investigación es muy arduo. A falta de un paradigma o de algún candidato a paradigma; todos los hechos que pudieran ser pertinentes para el desarrollo de una ciencia dada, tienen posibilidades de parecer igualmente importantes".

Kuhn (1971)
La estructura de las revoluciones científicas.

Agradecimientos

Al Dr. Eusebio Leal Spengler, cuya obra funda e inspira.

A Roger Arrazcaeta Delgado, Director del Gabinete de Arqueología. Sus años de entrega, fe y dedicación a la ciencia arqueológica, han servido como acicate para la realización de este trabajo.

A mi Director de tesis: Dr. Ovidio Ortega Pereyra por sus orientaciones, estímulo y confianza depositada.

A la Dra. Lourdes Domínguez, por sus siempre oportunos consejos.

A Carlos Alberto, mi primer guía.

A los profesores de la maestría de Arqueología, especialmente al licenciado Gerardo Izquierdo Díaz. Deseo agradecer igualmente, por su valiosa ayuda, a la M.Sc. Giselda Hernández Ramírez, del Instituto Superior de Arte.

A mis compañeros de trabajo del Gabinete de Arqueología de la Oficina del Historiador de la Ciudad de La Habana.

A mis amigos: Mahé, Sonia, Lisette, Anicia, Rosalía, Dania, Aneli, Ponce, Carlitos, Pablo, Iosvany y Fidel. Sin ellos, nada.

A mi madre y a mi padre, por su dedicación y apoyo.

A todos los que me ayudaron en el proceso de impresión de la tesis de Maestría que dio pie a esta publicación, en especial a los trabajadores de SERMAR y del Departamento de Diseño de la Dirección de Patrimonio Cultural, perteneciente a la Oficina del Historiador de la Ciudad de La Habana.

De manera especial, recordar al Dr. Ricardo Sampedro, quien fuera director del proyecto de tesis hasta su fallecimiento.

A ASPHA Ediciones, en las personas de Larisa C. Figueras y Odlanyer Hernández de Lara.

Al Dr. Marcelo Weissel y a la Dra. Laura Quiroga, por todo el apoyo profesional para la continuación de esta temática en mi tesis doctoral.

PREFACIO

Esta publicación es ante todo el saldo de una deuda. El Gabinete de Arqueología de la Oficina del Historiador de la Ciudad de la Habana tras una veintena de años cumplidos carecía en el año 2006 de una publicación que teorizara sobre las líneas teóricas metodológicas seguidas en sus investigaciones en tantos años de trabajo. El resultado de todo esto generó un amplio colchón de informes de excavaciones e investigaciones, algunos de ellos con enfoques teóricos sobre las posiciones en boga dentro de la disciplina arqueológica para las décadas de los ochenta y noventa de la centuria pasada, que abrían nuevos caminos para nuestra disciplina.

La carencia hasta este año, de las especialidades de Arqueología y/o Antropología en el claustro universitario cubano, motivó ante todo, la ausencia de una preparación teórica sólida de nuestros excavadores, cuya tradición profesional a golpe de años de trabajo, los convirtió en arqueólogos con dominio principalmente de metodologías de trabajo de campo. El transcurso de los años, está revirtiendo lentamente esta situación.

Este estudio consigue en el año 2006 sacar a la luz, siguiendo una línea histórica, los resultados de algunos de estos trabajos evaluados bajo preceptos que analizan el lugar que le tocó a cada uno de ellos dentro de la línea de desarrollo teórico- metodológico advertido.

Se ponen en evidencia, y se analizan bajo circunstancias muy especificas, ante todo locales, los vínculos teóricos seguidos desde el año 1987 en que se fundó la mencionada institución, hasta el año 2006 en que se realizó esta investigación, por tanto, los autores y posturas teóricas arqueológicas seleccionadas, se encuentran directamente relacionados con los vínculos teóricos asumidos por los especialistas del Gabinete. Estas sujeciones teóricas estuvieron determinadas por la bibliografía que ingresaba por diferentes vías, entre ellas, donaciones de especialistas extranjeros reconocidos, cuyas influencias marcaron pautas observables en el abordaje práctico realizado por cada investigador en su trabajo de campo. Esto explicará la ausencia de algunas menciones comunes en el ámbito internacional de la Arqueología.

A partir de aquí queda abierta una línea de investigación que espero continúe. Los problemas de abordaje pueden ser diversos, pero la línea central es una: avanzar en el conocimiento científico del *Registro Arqueológico del Centro Histórico Habanero* en pos de desarrollar proyectos donde se reviertan las explicaciones científicas logradas en el desarrollo educativo, en la mejora de la calidad de vida, en un desarrollo sustentable, sin perder de vista el cuidado del Patrimonio local que es además de toda la *Isla*.

Buenos Aires, invierno del 2012

INTRODUCCIÓN

Este libro se inicia con el análisis crítico de los principios estratigráficos de Eduard C. Harris como procedimiento de abordaje estratigráfico del registro arqueológico, y su desarrollo ulterior como teoría observacional dentro de la ciencia arqueológica. El cuerpo metodológico planteado, cuyo aporte revolucionó las formas tradicionales de excavación de un yacimiento arqueológico, se desarrolló en un momento donde se habían comenzado a cuestionar todas las "viejas formas" de concebir la ciencia arqueológica. Lo que entonces llamamos "nueva arqueología", revisaba, desde 1960, los viejos métodos y teorías en busca de nuevos enfoques que permitieran niveles interpretativos y explicativos de mayor alcance para la inferencia arqueológica.

Como caso específico, el libro se centra en el proceso de introducción y asimilación de estos principios, usados como metodología de intervención oficial en las excavaciones desarrolladas, a partir del año 2000, por el Gabinete de Arqueología de la Oficina del Historiador de la Ciudad de La Habana. Esta institución, fundada el 14 de noviembre de 1987, ha sido la encargada del estudio del patrimonio histórico-arqueológico contenido en las edificaciones y demás sitios coloniales habaneros. Por tanto, su especificidad radica en la realización de arqueología histórica, disciplina enmarcada dentro de la arqueología como ciencia social.

Definir la Arqueología Histórica como especialidad dentro de nuestra ciencia, resulta un tema muy polémico. Orser y Fagan en 1995 la definen como una disciplina que *"centra su atención en el pasado post-prehistórico y quiere entender la naturaleza global de la vida moderna"* (Funari; 2004:14).

Uno de los puntos más controversiales en la Arqueología y la Historia, ha sido el dividir la ciencia arqueológica según el estadío social que estudia, cuando el objeto de investigación sigue siendo invariablemente el mismo. Kent Lightfoot ha planteado que la división entre historia y prehistoria puede dificultar el conocimiento del pasado.

"La actual separación de las arqueologías histórica y prehistórica posee larga tradición en América del Norte y su origen está en la visión segregada del pasado. Pueblos Indígenas eran vistos como entidades distintas y separados de los asentamientos europeos y euroamericanos y su estudio estaba a cargo de equipos diferentes de investigadores (...). Con todo el estudio del cambio cultural a largo plazo, tanto en contextos históricos como prehistóricos, es necesario para evaluar todas las implicaciones de la explotación colonial y de la formación de comunidades coloniales multiétnicas (...). El potencial de la arqueología a contribuir para los estudios de los contactos culturales está disminuido por la práctica de dividir la historia y la prehistoria en subcampos separados." (Funari; 2004:27).

Funari admite las continuidades entre Historia y Prehistoria, pero reconoce que no se puede dejar de observar la diferencia entre sociedad sin escritura y sin Estado y las sociedades jerarquizadas (Funari; 2004: 27). Señala además que en el contexto contemporáneo la arqueología ha de proponerse la superación de estas limitaciones. (Zarankin y Stonel, en Funari; 2004:27).

"La Arqueología Histórica tiene como centro de su atención los conflictos sociales, en el pasado y en el presente. Se reconoce como el resultado de conflictos contemporáneos y parte del presupuesto de que para conocer el pasado es necesario conocernos nosotros mismos. En último lugar, hay un componente ético, en la academia y fuera de ella que significa aceptar el pluralismo y el respeto a la divergencia, la transparencia que no oculta golpes y que permite la visibilidad de las opresiones y contradicciones, en el pasado y en el presente. A partir de estas consideraciones, se puede tratar el desarrollo y situación de la Arqueología Histórica en nuestros países". (Funari; 2004:28).

Elaboré para esta investigación el siguiente concepto, de carácter estrictamente operacional, el cual permitirá vincular la actividad que se desarrolla en el Gabinete dentro de la Arqueología Histórica.

- La Arqueología Histórica es, entonces, esa parte de la ciencia arqueológica que se ocupa del estudio de las sociedades pasadas, las cuales, cronológicamente, le siguen en el tiempo a las mal llamadas sociedades prehistóricas. Su particularidad responde a que la base del poder de las sociedades históricas es Estatal, constituyen sociedades jerarquizadas, donde predomina la división de clases. En Europa comienza con el estudio de sociedades medievales y en América con la indagación en los asentamientos coloniales.

En Cuba, esta disciplina comienza su línea histórica, según el Dr. Gabino La Rosa Corzo, con la implementación de una ley republicana que favorecía la protección de sitios vinculados a la historia colonial conjuntamente con algunos estudios de casos que marcaban cierto interés en este terreno, a partir de las décadas del veinte, treinta y cuarenta (La Rosa; 2000:2).

Hoy en día existen instituciones esparcidas por diferentes partes del país que se dedican a desarrollar este perfil de la ciencia arqueológica. Entre ellas están: El Instituto Cubano de Antropología, perteneciente al CITMA, el Gabinete de Arqueología de la Oficina del Historiador de la Ciudad de La Habana, el grupo de arqueología del CENCREM, las Oficinas de los Conservadores de Trinidad y Santiago de Cuba, y la del Historiador de Camagüey.

Sobresalen trabajos realizados por José M. Guarch (1971), Francisco Pratt Puig (1980), Ángela Peña (1987), Antonio Ramos (1988), Roger Arrazcaeta y Ricardo Roselló (1988 y 1989), y Alfredo Rankin (1989). (La Rosa; 2000:124-135).

La Arqueología Histórica es una disciplina relativamente joven en nuestro país, donde falta mucho por documentar por la cantidad de trabajos inéditos diseminados por toda la isla. Tenemos conocimiento de la existencia de trabajos de Eladio Elso, no publicados hasta este momento. En esta investigación se hace referencia a uno de ellos.[1]

El tema de la interpretación de un yacimiento arqueológico, cualquiera que este sea, a partir del estudio de los datos registrados durante el proceso de excavación por parte del arqueólogo, será el punto medular a tratar en este trabajo. En los últimos 40 años se han avistado inconsistencias metodológicas en nuestra ciencia, advertidas en una limitación de lectura de los datos extraídos de los contextos arqueológicos. A pesar de todos los problemas teóricos detectados, que imposibilitaban llegar más allá de la recogida y clasificación de objetos para su ubicación temporal, es común detectar también puntos endebles en la metodología utilizada en los trabajos de campo para el registro de las evidencias.

Los métodos de campo utilizados definen las particularidades de la arqueología como ciencia social, e incluyen las estrategias y los procedimientos de excavación, donde juega un rol fundamental la estratificación del subsuelo.

Los antecedentes de ésta parten del siglo XVIII, cuando el geólogo escocés James Hutton, en su "Teoría de la Tierra" (1785), estudia la estratificación de las rocas en niveles superpuestos, lo cual explicó que ocurría por procesos que todavía continuaban en la naturaleza. Estos aspectos fueron defendidos por Charles Lyell (1797-1875) en su obra "Principios de Geología" (1833), donde se establece que los fenómenos geológicos antiguos, en esencia, eran similares a los actuales. Estos preceptos pueden aplicarse al pasado humano, lo cual definió una de las nociones fundamentales de la arqueología moderna (Renfrew y Bahn; 1993:24). En 1841 Boucher de Perthes presenta pruebas convincentes de la existencia humana mucho antes de que ocurriera el Diluvio bíblico, teoría que echa por tierra la idea de un mundo creado hacía solo unos pocos milenios. (Renfrew y Bahn; 1993:24).

Los estudios de estratigrafía arqueológica no han sido constantes dentro de las discusiones teóricas y las publicaciones de nuestra ciencia. Durante todo el siglo XIX los trabajos arqueológicos asumieron las teorías de la estratigrafía geológica como una guía de acción en las excavaciones realizadas.

[1] La referencia se encuentra en el Capítulo 3, y consiste en un estudio que realizó este autor sobre las tejas criollas en los techos coloniales cubanos en los siglos: XVIII y XIX.

Edward Cecil Harris, quien viene trabajando este tema desde 1978, en 1989 publica sus *Principles of Archaeological Stratigraphy*, en una segunda edición en 1991 se edita la traducción al castellano para España y América: Editorial Crítica, Barcelona. En ella sistematiza el proceso de introducción de los principios de la estratificación geológica en nuestra ciencia. Señala como, en 1915, J. P. Droop publicó "Archaeologycal Excavations", el cual, a pesar de las múltiples críticas que recibió en esta materia, contenía algunos de los primeros diagramas de la naturaleza de la estratificación. En sus dibujos resaltaba la importancia de lo que actualmente conocemos como interface[2] entre niveles, sugiriendo como se estable-cía la distribución de los artefactos y explicando el método de periodización.

Harris concuerda con lo planteado con Willey y Sabloff en 1975, cuando afirma que en América la arqueología estratigráfica no se puso en práctica hasta la segunda década del siglo XX. El mejor exponente del método fue Alfred V. Kidder, cuya excavación seguía los contornos de los estratos naturales o físicos, asignándoles a los fragmentos de cerámica su procedencia según los estratos, aspecto este de importancia clave para el desarrollo de la estratigrafía arqueológica en nuestro continente. Kidder no fue tenido en cuenta de manera generalizada en la arqueología norteamericana, sino que muchos excavadores en América trabajaban con un método según el cual el yacimiento era dividido en niveles horizontales con un grosor predeterminado, sin preocuparse por los contornos naturales de la estratificación.

En 1934 se produce una revolución que marcó tanto la manera de excavar un yacimiento como la forma de registrar. Mortimer Wheeler excava Maiden Castle en Gran Bretaña, y realiza un dibujo de sección donde se observan los estratos naturales de la deposición, numerados y registrados en su relación con los artefactos. En este caso, Wheeler representa las interfaces y las interfaces de destrucción sin identificarlas y sin tomarlas en cuenta.

Hasta los años 70 del pasado siglo, el principio de superposición de estratos[3] tomado de la geología no tenía discusión. Ahora, en el caso específico de la arqueología, esta ley no se cumple tal cual es en su estado natural. La ciencia arqueológica, que estudia el pasado del hombre, ha llegado a esta conclusión desde 1979 cuando el Dr. Harris sistematiza los principios que rigen la estratigrafía arqueológica. (Harris; 1991:27-31).

En la actualidad el método de Harris es aplicado en las excavaciones arqueológicas que se realizan en diversos países europeos entre los que se encuentran: Inglaterra, donde su uso se ha generalizado, España e Italia, donde se han obtenido muy buenos resultados, sobre todo en la llamada Arqueología de la Ar-

---

[2] Ver glosario.

[3] Los depósitos o estratos de rocas pueden observarse superpuestos unos encima de otros. El estrato inferior de una serie se habrá depositado primero y todos los que lo siguen lo han hecho igualmente a través del tiempo, Browne, 1975.

quitectura.[4] Algunos especialistas españoles que trabajan fuera de su país han comenzado a aplicar el método en otros contextos.

El actual director del Gabinete de Arqueología de la Oficina del Historiador de la Ciudad de La Habana, Roger Arrazcaeta Delgado, tuvo un primer contacto con el libro en los primeros dos años de la década de los noventa de la pasada centuria. Sus inquietudes investigativas siempre se habían volcado hacia los procesos estratigráficos por preferencia, lo que se podrá constatar en el capítulo 3 de este libro.

En el primer capítulo se analizan algunos aspectos que tienen que ver con el desarrollo del pensamiento arqueológico durante los últimos 40 años de la pasada centuria, años en los que se produjo un despertar de la conciencia científica en la Arqueología. Se examinan también algunos de los problemas básicos discutidos con más frecuencia por las corrientes más importantes de la arqueología contemporánea. En el segundo capítulo se abordan los aportes teórico- metodológicos más significativos que realiza E. C. Harris, los cuales influyen en la evolución del pensamiento arqueológico. Por último, en el tercer capítulo se explican los diferentes métodos utilizados en el Gabinete entre 1987–2005.

Se destaca el desarrollo metodológico alcanzado desde 1987 hasta la introducción del método de Harris en el año 2000, y desde esa fecha hasta la actualidad. Se comparan los resultados obtenidos a través del uso de diferentes metodologías, y se destacan los saldos positivos que esta última ha arrojado. Se analiza cómo la aplicación de estos principios ha modificado la manera de enfrentarnos a un sitio y de explicarlo después de terminado el proceso de excavación. La minuciosa recolección de datos lograda con su aplicación abre nuevos caminos interpretativos para la explicación de los procesos históricos que influyeron en la formación de un sitio.

La situación problémica que dio origen al problema científico seleccionado señala:

Al reconocer la necesidad de repensar las estrategias y procedimientos utilizados en Arqueología para la interpretación del registro arqueológico, después de analizar la escasa bibliografía dedicada al estudio de los procedimientos estratigráficos, llama la atención las posibilidades interpretativas advertidas en la aplicación de los principios de estratigrafía arqueológica de E. C. Harris. El alto nivel de colecta de datos que proporciona, así como la posibilidad de utilizar como estrategia de excavación el área abierta, facilita seguir con minuciosidad los estratos arqueológicos en toda su extensión original. De esta forma se dejan expuestas en la horizontalidad cada una de las caras de los estratos antrópicos, y se registran las relaciones establecidas entre las superficies y los materiales depositados en cada una de ellas. El investigador cuenta a partir de entonces con una teoría observacional eficaz para el registro e interpretación de los datos que de otra manera quedaban u ocultos bajo testigos de tierra verticales, o cortados a través de los procedimientos arbitrarios.

[4] La Arqueología de la Arquitectura es otra disciplina más de la ciencia arqueológica. Referencias de ella en el Capítulo 3.

Este aspecto, unido a que en el Gabinete de Arqueología de la Oficina del Historiador de la Ciudad de La Habana se ha comenzado a aplicar, a partir de la experiencia obtenida en el contacto con especialistas vascos e italianos, obteniéndose mejores resultados, lleva a analizar la importancia que, desde el punto de vista metodológico, tiene esta teoría para la evolución del pensamiento arqueológico contemporáneo. En el caso específico del Gabinete, enmarcado en la llamada arqueología histórica cubana, su aplicación ha abierto grandes posibilidades interpretativas, marcando una evolución metodológica en su desarrollo investigativo.

Los problemas derivados de la interpretación del registro arqueológico han sido enunciados desde la década del 60 del siglo XX, a través de las diversas corrientes teóricas, sin que ninguna de ellas pudiera implementar una metodología de campo capaz de llegar a superar el problema explicativo. La implementación de los principios de estratigrafía arqueológica de Eduard C. Harris, ha proporcionado una base metodológica que facilita llegar a niveles teóricos más elevados. Profundizar acerca de la posible evolución del pensamiento arqueológico de los investigadores del Gabinete de Arqueología a partir de la introducción de estos principios, y la forma de interpretar ahora los contextos arqueológicos, constituye el problema científico a resolver.

Campo y muestra

Este trabajo se centra en el análisis de una muestra de las excavaciones realizadas por especialistas del Gabinete Arqueológico a partir del año 1987 en el contexto urbano de La Habana Vieja, y su interpretación.

Las mismas se relacionan como sigue:

Sitios Arqueológicos	Unidades básicas de excavación
Casa de los Condes de Santovenia, (Plaza de Armas)	• 1
Casa de Mercaderes 158-160, actual museo *"Simón Bolívar"*	• 1
Casa de Don Pablo Pedroso (Obra Pía y Baratillo)	• 1
Casa de los Marqueses de Arcos (Mercaderes y Empedrado)	• 4
Casa de los Condes de Villanueva (Mercaderes y Lamparilla)	• 2
Iglesia de San Francisco de Paula (interior)	• 1
Casa de Habana 958	• 1
Casa del Comendador (Obra Pía 55)	• 1
Casa del Marqués de Prado Ameno (O´Relly 253)	• 4
Iglesia de San Francisco de Paula (exterior)	• 1
Casa de Muralla 103 – 105	• 2

Casa de Mercaderes 15 (ampliación del Gabinete de Arqueología)	• 1
Iglesia del Oratorio de San Felipe de Neri (Aguiar y Obra Pía)	• 1
Casa de San Ignacio 602	• 1

CAPÍTULO I
EL PROBLEMA DE LA INTERPRETACIÓN EN ARQUEOLOGÍA SEGÚN LAS CORRIENTES ACTUALES

Las polémicas fundamentales que determinaron la crisis producida en nuestra ciencia en los últimos 30 años del pasado siglo se centraron en tres aspectos fundamentales:

- El problema de la interpretación del registro arqueológico.
- La inconsistencia metodológica
- La búsqueda de una nueva y necesaria orientación teórica.

La "lectura" o interpretación del registro arqueológico, enfrenta muchos obstáculos y ha sido durante las últimas décadas de la centuria pasada muy polémica en cuantos a los debates. A pesar de ello la pregunta continua siendo ¿Cómo leer? (Velandia, 2002) y este punto es sumamente complejo. Los objetos a que nos enfrentamos como arqueólogos desde el presente, como conocemos, no fueron hechos para ser observados ni interpretados, como tampoco fueron creados para desecharlos. Estas dos acciones son también parte de la *historia.* Primero: Se desecharon en el pasado y ésta acción de desechar puede haberse producido por diversas causas, que ahora en el presente desconocemos. La labor de interpretar, es otra operación producida en otro momento histórico-social, resultado del ejercicio de un sujeto supuestamente preparado para realizarlo. Los dos eventos se producen desde etapas diferentes, por hombres con pensamientos desiguales y pertenecientes a totalidades sociales disímiles. Uno de ellos no vinculado de forma directa con la función que cumplía el objeto antes de "caer", por una causa desconocida, en el lugar donde reposará tras haber cumplido, o no, su cometido dentro de un proceso histórico social dinámico.

Este objeto descontextualizado de su medio original, que sufre los avatares propios de los procesos post deposicionales[1] característicos de todo yacimiento arqueológico, en unión con las relaciones que se establecen entre este y los estratos donde fueron encontrados, constituye la clase de datos empíricos que estudia la ciencia arqueológica. De allí el arqueólogo interpreta los procesos sociales que dinamizaban a estos artefactos en el pasado.

Según Ian Hodder la idea de que la cultura material es un texto de lectura existe en arqueología desde hace tiempo. Los arqueólogos, suelen tratar los datos como un registro o como un lenguaje (Hodder, 1988; 149).

Es inherente al arqueólogo recoger datos y enumerarlos e interpretarlos descifrando sus códigos. Esta forma de registrar una información contenida de forma implícita en un sistema de signos, previamente avalado por una comunidad científica, la llamamos interpretación de datos. A partir de los cuales como ya mencioné, interpretamos.

Existen muchas formas de registro, si tenemos en cuenta el papel predominante que ocupa en nuestra ciencia la recogida de datos; detectaremos cientos de formas de interpretar el pasado. Es válida en la ciencia la multiplicidad de formas de recogida de información, siempre que ésta sea regida por un método científico.

Ahora, si son válidos estos procedimientos, ¿Cómo llegar al estudio de la *realidad* de las sociedades pasadas? ¿Dónde está la interpretación de esa sociedad?

Desde los años sesenta, Lewis R. Binford realizó un llamado a la comunidad arqueológica a la búsqueda de nuevos caminos para la interpretación del registro. A partir de aquí empiezan a sucederse una serie de corrientes, que de una u otra manera trataron de buscarles soluciones a las interrogantes presentadas. Así surgieron los nuevos arqueólogos o procesualistas (funcionalistas y cognitivos) y la Teoría Crítica de los años 70, que planteaba que todo conocimiento es histórico y cualquier aspiración al conocimiento "objetivo" es ilusoria, por su enfoque interpretativo-hermeneútico (Renfrew, 1993; 450). M. Schiffer (1976-1987) añade a lo planteado por el procesualismo nuevos aspectos que giraban alrededor de la concepción de que las transformaciones culturales incidían en las relaciones entre los restos materiales y el comportamiento de quienes los producen (Hodder, 1991:16). A estas se sumaron el pensamiento Neo-Marxista; los postprocesualistas y la Arqueología Social Latinoamericana, con su enfoque basado en el materialismo histórico. Todos, desde sus posiciones teóricas, han tratado de dar respuesta a este problema considerado fundamental en nuestra ciencia. Estos análisis enriquecieron sustancialmente el cuerpo teórico de la arqueología, y cada vertiente realizó valiosos aportes de los cuales hoy es imposible desprenderse a la hora de realizar el ejercicio de la ciencia; sin caer para nada en el tan traído y llevado eclecticismo-postmoderno, tan criticado cuando queremos hacer valer una teoría sobre otra.

[1] Conocemos que los procesos deposicionales incluyen tanto los de origen natural, como los antrópicos. En contextos urbanos los segundos son determinantes por las complejidades estratigráficas que engendran las constantes transformaciones que ocurren en contextos urbanos activos.

Sobre estos aspectos hoy se valora lo pluriepistémico y transepistémico en la metodología de la ciencia sociales, como posibilidad de apertura metodológica para el estudio de las sociedades en toda su complejidad totalizadora.

Como destacaré más adelante, los aportes de Binford en la búsqueda de caminos más certeros para la interpretación en Arqueología, fueron varios y de indiscutible valía: constituyó un eslabón fundamental en la cadena de tendencias que tratarían de romper los "viejos" esquemas que seguían los llamados arqueólogos tradicionales.

Binford centró sus primeros trabajos en la problemática de cómo darle un sentido explicativo al registro, por lo que encamina sus investigaciones en pos de la búsqueda de una metodología puramente arqueológica.

"Los arqueólogos como ya he enfatizado, no observan hechos sociales observan hechos materiales, todos ellos contemporáneos, y por tanto, los procedimientos de las ciencias sociales en la práctica son inapropiados para la arqueología. La arqueología ha de enfrentarse a la naturaleza de los datos que emplea y con la singularidad del desafío: como acceder desde el presente al pasado lo que se necesita es una ciencia del registro arqueológico que enfoque los problemas especiales que surgen al tratar de utilizar este registro para conocer el pasado". (Binford, 1981: 25).

La obra de Binford ha sido puesta sobre el tapete de las discusiones arqueológicas de forma continua, casi todas las corrientes actuales, que le han seguido a la vertiente procesualista, surgen como consecuencia del contrapunteo con este. Este párrafo citado de su obra: *En busca del pasado*, muestra cuales fueron los motivos que le condujeron por el camino de la Nueva Arqueología, en contraste claro con la tradicional.

Refiriéndose al problema de la interpretación del registro arqueológico dijo:"*Las observaciones que hacemos sobre él están aquí ahora, son nuestras contemporáneas. No son observaciones directas que sobreviven del pasado". /.../ "..el registro arqueológico no se compone de símbolos, palabras o conceptos, sino de restos materiales y distribuciones de la materia".* (Binford, 2004; 23-24).

"El desafío que la arqueología plantea consiste en la trascripción de manera literal, de la información estática contenida en los restos materiales observables para reconstruir la dinámica de la vida en el pasado y estudiar las condiciones que han hecho que estos materiales hayan sobrevivido y llegado hasta nosotros" (Binford, 2004; 24).

En el primero de estos párrafos plantea por primera vez para esta ciencia, hasta ese momento bajo los influjos de un positivismo a ultranza, la necesidad de crear una metodología para la intervención del registro arqueológico que enfoque los problemas de la compresión de éste cuando es utilizado para conocer el pasado.

El problema de la interpretación del registro arqueológico

Cuando el arqueólogo excava se encuentra ante un conjunto de hechos materiales constituidos por materias orgánicas e inorgánicas, las cuales constituyen el vestigio de lo que ha quedado de una actividad social pasada. No quiere decir esto que dicha actividad esté vinculada a los procesos sociales generales que ocurrieron en ella, sino que, desde su peculiaridad, es reflejo de un hecho social particularizado que le dio origen. Claro está que esta especificidad del registro está vinculada inevitablemente a la estructura general de una sociedad determinada a la cual corresponde, pero su carácter particular determina su esencia, por lo que los nexos entre esta y las leyes generales que rigen un proceso social determinado, son muy difíciles de explicar para cualquier científico social, incluida la Arqueología. Este tipo de análisis no era posible realizarlo en ese momento, por lo que ante este problema Binford considera una inconsistencia metodológica dentro de la ciencia arqueológica, advertida en una incompatibilidad de los procedimientos propios de las ciencias sociales, los cuales a su parecer eran inapropiados para la arqueología debido a la particularidad de los datos que emplea.

No deja de tener razón Binford cuando plantea que existen problemas metodológicos dentro de la arqueología si se tiene en cuenta que el objeto central de conocimiento es acceder a la explicación de los procesos sociales de una sociedad pasada, mediante el uso limitado de la información interpretada a partir de los restos artefactuales encontrados en el yacimiento arqueológico. La particularidad de los datos arqueológicos no determina que los procedimientos de las ciencias sociales sean inadecuados en Arqueología, ya que al constituir parte de ellas, sigue los mismos procedimientos para la evaluación de sus enunciados, o sea, los métodos determinados por la Metodología y la Filosofía de la Ciencia en dependencia del momento histórico determinado. No obstante la Arqueología ha evaluado, rectificado y ampliado sus procedimientos y teorías propias en pos de buscar nuevos caminos para la inferencia arqueológica.

¿Cuál es según Binford el desafío de la arqueología?

Como ya expliqué, los datos que estudia el arqueólogo se encuentran dentro del registro arqueológico, de allí se extraen durante el proceso de excavación en planillas de control o de registro. En este proceso los restos materiales transitan de la forma primigenia en la que fueron hallados a la simbología del código de registro establecido. Binford plantea en uno de los párrafos que ya referí, cómo el registro no se compone de signos, como señalan los postprocesualistas, sino de restos materiales. No obstante a ello, en la actualidad, después de reconocer los aportes de la semiótica y la hermenéutica a nuestra ciencia, sin contar las diferencias contextuales, es válido añadir que los arqueólogos, además de recoger los objetos materiales de los yacimientos, recogen información directa del sitio en forma de datos y esta información la extraen de la interpretación[2] realizada de estos objetos. A partir de aquí se comienza a criticar los trabajos descriptivos, alegando para ello la ausencia de explicaciones en las investigaciones. Las descripciones de un registro arqueológico (se incluyen aquí las descripciones de estructuras, depósi-

---

[2] Interpretación que dependerá de otros muchos aspectos; como la corriente teórica a la que se adscribe el investigador.

tos, interfaces[3] y objetos materiales) constituyen interpretaciones descifradas de las lecturas realizadas por el arqueólogo *in situ*. Ningún resto material muestra una aclaratoria donde explica la función que cumplió durante la etapa en que estaba vinculado al medio social. No hay descripción sin una previa interpretación[4]. Los procesos descriptivos son básicos en la interpretación científica, de allí el investigador extrae los datos necesarios para posteriores análisis explicativos, donde tratará de darle congruencia explicativa a los procesos sociales que favorecieron su existencia.

A través de las interpretaciones que el arqueólogo hace de los datos extraídos de la excavación, realizará inferencias; estas pueden ser de diferentes niveles en dependencia de la afiliación teórica del investigador. Se tienen en cuenta en este aspecto las diferentes posiciones teóricas existentes que han confluido en estos últimos años de desarrollo de la ciencia.

Durante la década de los 80, específicamente en 1982, Binford y Sabloff sostienen que la relación entre teoría y hechos es tan estrecha que los hechos se observan desde el marco de una teoría, por tanto los datos observacionales son en realidad teorías. Teorías estas que, en sus términos, dependen del paradigma (Hodder, 1994:30). Hasta este momento en la Arqueología se consideraba la existencia de una realidad independiente a nuestras observaciones, por lo que los objetos materiales se entendían como reflejo de ella de forma directa. Los arqueólogos éramos entonces como una especie de mediadores entre el "pasado real" existente, tal y como esos objetos encontrados nos lo señalan, y el presente.

Binford y Sabloff solucionan ese problema recurriendo a la teoría de alcance medio. Argumentan que instrumentos de medición independientes pueden servir para verificar la relación entre la cultura material y la sociedad que la ha producido y que de esta forma se pueden verificar "objetivamente" distintos paradigmas (Hodder, 1994; 30).

Sobre este aspecto escribió M. Johnson en el 2000:

"Todos los arqueólogos ofrecen posibles vínculos entre lo estático y lo dinámico cada vez que aventuran una interpretación sobre los testimonios arqueológicos. En la práctica lo hacen a base de hacer presunciones acerca del alcance medio, esto es del espacio que media entre lo "estático" y lo "dinámico" (2000: 72).

Johnson, para ejemplificar este punto, toma el caso de un cementerio donde hay un número hipotético de tumbas, parte de ellas con un importante ajuar funerario, y otro mayor número de ellas con un ajuar mucho más sencillo. Estos constituyen los datos "estáticos" extraídos de la interpretación del yacimiento, de ello se infiere una sociedad caracterizada por sus diferencias sociales, "dinámica del pasado". Señala el autor como llega a esa conclusión después de presumir una

---

[3] Véase glosario.

[4] Interpretación y descripción en arqueología de este aspecto habla Ian Hodder en su libro: *Interpretación en arqueología*; edición ampliada y puesta al día del año: 1994.

relación de alcance medio entre el número y/o valor del ajuar funerario, y el estatus social económico de la persona enterrada.

Bruce Trigger en su obra *Historia del pensamiento arqueológico* de 1992, para explicar este tema, señala cómo los arqueólogos han empezado a seguir el ejemplo de los filósofos de la ciencia y de otras disciplinas que integran las ciencias sociales al clasificar sus teorías o generalizaciones en categorías altas, medias o bajas (Klejn, 1977, Raab y Goodyear, 1984, en Trigger, 1992:29). Plantea cómo este esquema facilita un conocimiento más sistemático de la naturaleza, que de la teoría arqueológica y de los procesos de razonamiento característicos de la disciplina (Trigger, 1992: 29).

Refuerza su planteo con ejemplos de teorías de nivel bajo, las que han sido descritas como investigaciones empíricas con generalizaciones. Estas generalidades se basan en regularidades inferidas repetitivamente, y que pueden ser refutadas por la observación de casos contrarios (Trigger, 1992: 30). En el caso específico de la arqueología, ejemplifica con las investigaciones típicamente tradicionalistas marcadas por el positivismo llamado burgués; aquí entran los listados tipológicos de artefactos, la identificación de culturas arqueológicas específicas y las demostraciones basadas en la estratificación, seriación o datación radiocarbónica. Estos ejemplos son válidos y necesarios en la ciencia; no obstante, constituyen modelos de teorías de nivel bajo en cuanto no ofrecen, aún cuando en ocasiones se establecen como objetivo cognitivo de la investigación, explicaciones de los procesos sociales de la etapa histórica investigada dentro de la cual se formó el yacimiento arqueológico. Ellos por sí solos constituyen interpretaciones necesarias del trabajo investigativo en arqueología; pero no el objeto de estudio.

Las teorías de nivel medio se definen como generalizaciones que intentan dar cuenta de regularidades posibles de establecer entre dos o más conjuntos de variables (Raab y Goodyear, 1984 en Trigger 1992:31). Especifíca Trigger, para ser más explícito en el planteamiento, cómo las generalizaciones deberían gozar de validez intercultural e igualmente hacer alguna referencia al comportamiento humano. Además, deben ser suficientemente específicas como para permitir ser probadas mediante su aplicación a conjuntos particulares de datos (ibid: 31). Utiliza para esto un ejemplo de generalización antropológica tomado de Esther Boserup (1965) referente a economías agrarias, donde se planteaba que entre estos tipos de economías la presión de la población conduce a situaciones que permiten incrementar el trabajo sobre cada unidad de tierra arable con tal de obtener más alimento de cada una de ellas. Continúa planteando Trigger que esta teoría podría ser puesta a prueba arqueológicamente si los arqueólogos pudieran establecer medidas fiables de los cambios relativos o absolutos de la población, de la intensidad del trabajo así como de la productividad. Trigger analiza cómo en este caso sería útil la llamada teoría del alcance medio, con la cual a partir de los datos etnográficos se establecían relaciones válidas entre fenómenos arqueológicamente observables y comportamientos humanos imposibles de observar arqueológicamente.

¿Cuál es entonces la o las limitantes de este tipo de teoría?

Hacer generalizaciones de validez intercultural a partir de una distinción puramente económica, después de los análisis realizados por los post procesualistas, resulta impensable. El análisis funcionalista de este tipo de interpretaciones restringe el alcance explicativo de los procesos sociales de una sociedad determinada, sin tener en cuenta las particularidades contextuales definitorias de cada sociedad. No es posible realizar generalizaciones a partir de este aspecto, y de allí deducir que en todas estas sociedades agrarias la población reaccionaría de igual forma. Los rasgos específicos de una sociedad conforman cada totalidad social como un sistema cerrado y a la vez dinámico, abierto en cuanto a las relaciones que establece con sus contemporáneas. Estos rasgos definitorios se producen por la articulación de cada uno de los subsistemas, estructuras, que la componen, y contribuyen por tanto a la formación de *esquemas de pensamientos* diferentes en cada una de ellas.

La teoría del alcance medio es un tipo de teoría de nivel medio. A partir de su aplicación Binford pretendía dar sentido a los datos "estáticos" con los cuales se enfrenta el arqueólogo en un momento específico del presente. Los materiales encontrados en los yacimientos fueron, en otro momento histórico del desarrollo de una sociedad concreta, desechados por causas disímiles, en un lugar determinado, con una intención predeterminada o casual; esto lo desconocemos en el momento de excavación.

Estos materiales, sufrieron cambios múltiples en su estructura originaria desde el momento primero de deposición hasta el momento del hallazgo por el arqueólogo. Muchos de los objetos depositados desaparecen por acciones de erosión y degradación en el depósito, por tanto lo que llega a nosotros es la mínima parte que resistió los avatares naturales y antrópicos de diferentes causas. Según la crítica de las corrientes materialista-histórica y postprocesualista, estos cambios no fueron muy tenidos en cuenta por Binford en su libro de 1983; sin embargo el autor dice:

> *"El único modo de poder entender su sentido- o dicho de otra forma, la manera en que podemos exponer el registro arqueológico en palabras es cómo llegaron a existir esos materiales, cómo se han modificado y cómo adquirieron las características que vemos hoy. Esta comprensión depende de una acumulación de conocimientos que relacionan las actividades humanas (es decir, la dinámica) con las consecuencias de estas actividades que pueden ser observables en los vestigios materiales(es decir, la estática)"* (Binford, 2004: 24) [el subrayado es nuestro].

En este fragmento de su obra el autor deja explícita la idea de que estos materiales que una vez existieron en un mundo "dinámico", dejaron de existir; y en su carácter de "desecho" sufrieron modificaciones de uno u otro modo hasta llegar a adquirir las características con las cuales llegan a nosotros. La estaticidad, a mi entender, no se refiere a que el autor ignoró de manera general las transformaciones que pueden ocurrirle a los objetos a lo largo del tiempo después que caen en desuso. Todo lo que nos rodea es material, incluido el pensamiento, que es materia en movimiento, triunfo este de la dialéctica-materialista, hoy en día revalorizada por las últimas corrientes epistemológicas, que no creo que Binford pase por alto. Pienso que, cuando se refiere a estática, lo hace teniendo en cuenta la ausencia en el registro arqueológico del movimiento aparente, porque movimiento de materia siempre existe, pues esta se transforma. En el registro arqueológico, por tanto, hay movimiento de la materia. Lo que ha desaparecido son los procesos dinámicos que, en el pasado, movilizaron los objetos contenidos.

En el momento de su surgimiento, la teoría del alcance medio, pese a sus limitaciones actuales, cumplió su función de vanguardia frente a los viejos métodos y prendió tanto que aún hoy en día se realizan inferencias de este rango utilizando los datos arqueológicos.

¿Cuál es entonces la verdadera dinámica del pasado?

Sobre esto dice Ian Hodder; "*lo que se mide a través de paradigmas depende de la percepción y de la clasificación por categorías, y no pueden existir por tanto, instrumentos independientes de medición, dado que la metodología misma depende de la teoría*" (Hodder, 1994: 30).

Analiza Hodder que el concepto de datos implica tanto el mundo real, como nuestras teorías sobre él. Por ello las teorías defendidas sobre el pasado dependen muchísimo del propio contexto social y cultural de uno. (Trigger, 1980; Leone, 1978; en Hodder, 1994: 31). Otros han demostrado con gran acierto cómo las interpretaciones cambiantes del pasado dependen de los cambiantes contextos sociales y culturales del presente. Los individuos en el seno de la sociedad actual utilizan el pasado en sus estrategias sociales. En otras palabras, es en los contextos culturales e históricos donde se concibe y manipula la relación dato-teoría. (Hodder, 1994:31).

Ya desde 1986 en su *Reading the past*, Hodder había aludido al papel determinante de la subjetividad del individuo a tener en cuenta en la perspectiva interpretativa. A este proceso Franz Flórez (julio del 2002) lo llamó reintroducir el humanismo en la perspectiva interpretativa, teniendo en cuenta que Gordon Childe en 1936 ya hablaba del significado que para alguien tenían los objetos materiales dentro de una sociedad históricamente determinada.

Este pensar en el carácter subjetivo de cada una de las lecturas realizadas sobre los objetos encontrados en los yacimientos, ha sido objeto de muchos análisis, y un aporte de consideración a tener en cuenta. No es válido en ciencia llevar la subjetividad al extremo, este es un punto delicado en el cual el investigador ha de ser cauteloso. Las inferencias que se realicen han de tener el mayor fundamento científico posible, sin caer en planos especulativos. Para ello se estipulan métodos y teorías dentro de cada una de las disciplinas de las ciencias sociales, además de aquellas comunes a todas. Dichas posturas epistemológicas, se revalorizan, amplían, cambian, se desarrollan, en pos de lograr disminuir sus limitaciones, y por tanto, el *relativismo* de las explicaciones, interpretaciones o predicciones que realizamos.

Ian Hodder, al frente de este tipo de análisis, encaminó sus reflexiones a tratar de descubrir una relación entre lo *material* y lo *ideal*, para ello analiza varios aspectos entre los cuales está la contribución del enfoque semiótico a partir de la lingüística de Saussure, la cual tuvo gran influencia en el estructuralismo. Plantea la relación significante-significado, donde el significado -pensado como objeto material real- tiene escaso interés en sí mismo en relación con el significante, debido a la arbitrariedad del significado, por lo que rechaza este enfoque como procedimiento para desentrañar las relaciones entre lo ideal y lo material.

Plantea Hodder que el análisis abstracto de los signos y los significados es un problema en arqueología. Nuestra disciplina se ocupa principalmente de la cultura material, por tanto reconoce que con los objetos también extraemos "ideas" excavadas en forma de objeto-material. Para interpretarlos, decodificamos un cuerpo de ideas, que extraemos a través de procedimientos *prestados* de la semiótica. El estudio de la cultura material implica cubrir el vacío existente entre lo ideal y lo material, pero considera que el estructuralismo, el cual tocó estos aspectos, aporta poco a esta cuestión:

"Al ocuparse de las relaciones entre estructura y proceso (es decir, la recursividad de estructura y acción), el estructuralismo desempeña un papel necesario, pero no suficiente. La palabra "olla" puede ser el significado del concepto de "olla". Pero también es posible que el objeto mismo sea el significante de la idea de lo que es una olla- las influencias son mutuas. Las estructuras posibilitan y son el medio para la acción en el mundo, pero son también susceptibles de cambiar por influencia de aquellas acciones". (Hodder, 1994: 63).

Considera Hodder que para el estructuralismo y el postestructuralismo el individuo está determinado por estructuras y/o universales a través de las cuales el hombre actúa; lo cual obviamente resulta insuficiente. Las teorías sobre la estructura para este autor funcionan si se le da cabida al hombre como entidad activa.[5]

"En gran parte de la arqueología estructuralista las reglas suelen configurar un conjunto de normas compartidas: Se presupone que en la sociedad todos tienen la misma estructura, que las consideran desde el mismo punto de vista y que les otorgan el mismo significado. Este es un enfoque profundamente normativo". (Hodder, 1994: 64).

Hodder habla a lo largo de sus obras de 1988 a 1994 de la adscripción de significados a los objetos extraídos del yacimiento, detalle este que recibió algunas críticas debido a que en otras partes de sus obras advierte sobre los riesgos del subjetivismo. César Velandia, Dr. en Ciencias Naturales del Museo Antropológico de la Universidad del Tolima, Colombia, realiza un artículo que denominó "*Anti-Hodder -diatriba contra las veleidades post-modernistas en la arqueología Post-procesual de Ian Hodder*" (Valandia, 2002), donde analiza la existencia de una contradicción entre estos dos planteamientos.

[5] Sobre este aspecto amplié cuando señalé el ejemplo de Esther Boserup, sobre las sociedades agrarias que aparece en el libro de B: Trigger.

Personalmente no creo que exista una contradicción entre el criterio de la atribución de un significado a la cultura material que extraemos y el tratamiento subjetivista de los datos. Hodder advierte el riesgo que engendra el subjetivismo cuando se aplica sin medida, adaptando nuestras ideas preconcebidas a los datos, sin tener en cuenta las singularidades y particularidades del contexto excavado. Él mismo plantea que el peligro surge cuando los significados se adscriben interculturalmente, sin hacer referencia al contexto.

Todos los yacimientos presentan particularidades internas que definen su totalidad. Los contextos con sus especificidades determinan las singularidades que les dieron origen, por lo tanto, las posibles explicaciones han de desentrañarse a partir de la contrastación de los datos interpretados, con las teorías mediadoras a partir de las cuales nos acercamos a ellos.

"Todo análisis arqueológico debe interpretar el mundo real en el proceso de observación, para luego acomodar nuestras teorías a estos datos, con el fin de elaborar una argumentación plausible; todo lo demás es una falacia. /.../ Las asociaciones contextuales y funcionales también permiten inferir una comunalidad de significado. No podemos ,evidentemente ,dar por sentado, con un cierto grado de fiabilidad, que un objeto descubierto en una sepultura masculina deba poseer cualidades masculinas, o que un artefacto hallado en un centro ceremonial tenga significados "rituales"; pero los arqueólogos suelen hacer este tipo de suposiciones" (Hodder, 1994: 66 - 67).

¿Inconsistencia metodológica?

Este punto constituye uno de los muchos analizados en las últimas corrientes de pensamiento. Ya he puntualizado algunos aspectos que atañen a esta polémica al referirme a los problemas interpretativos del registro arqueológico.

Uno de los aspectos en que Binford hace más hincapié es precisamente en lo que él consideró problemas metodológicos en nuestra ciencia.[6]
Sobre esto agregó también:

"Las limitaciones prácticas de nuestro conocimiento sobre el pasado no son inherentes a la naturaleza del registro arqueológico; estas limitaciones yacen en nuestra poca sofisticación metodológica, en nuestra carencia de desarrollo de principios para determinar la relevancia de los materiales arqueológicos en relación a proposiciones y eventos del pasado" (Binford, 1968: 96 en Velandia, 2002).

"Podríamos agregar nosotros que la argumentación tradicional parte de una confusión entre problemas de acceso y problemas de método; al parecer, este tipo de confusiones es característico de una tendencia que proyecta a la realidad, limita-

[6] Al inicio de este capítulo, página 25, se puede leer una frase de Binford donde señala entre otras cosas: "... lo que se necesita es una ciencia del registro arqueológico..."

ciones que derivan de nuestra metodología y que son confundidas con problemas epistemológicos" (Gándara 1980: 78 en Velandia, 2006).

".... Los principios de estratigrafía arqueológica, que es la ciencia por la cual los yacimientos arqueológicos pueden ser debidamente comprendidos, son por lo tanto aplicables en todo lugar".[7] (Harris, 1991:11).

Estos tres comentarios realizados desde vertientes teóricas "diferentes" son ejemplos de estas preocupaciones. L. Binford, al adentrarse en el estudio de esta problemática utiliza los métodos etnográficos comparativos los cuales brindarían, según su criterio, caminos más certeros para la inferencia arqueológica, recurriendo para ello a la teoría de sistemas.

Las inconsistencias metodológicas de nuestra ciencia, advertidas en una incapacidad de lectura de los objetos y contextos, han sido analizadas por todas las corrientes; este aspecto es indisoluble del primero tratado. Es imposible realizar lecturas arqueológicas sin una metodología apropiada que nos permita "llegar" a los objetos y contextos para establecer un significado cultural o histórico.

Como he enfatizado desde el inicio de este capítulo, los procedimientos que utilizamos para *leer* la cultura material de las sociedades pasadas son determinantes para la óptima interpretación del mismo.

A partir de 1979, E. C. Harris organiza los principios rectores de la estratigrafía arqueológica, independizándose de una vez por todas de los principios geológicos. A partir de ese momento la estratigrafía arqueológica es portadora de un cuerpo de principios y leyes a través de los cuales es factible interpretar los procesos de formación y evolución en el tiempo de un yacimiento determinado, nociones estas que revolucionaron nuestra metodología para interpretar los registros.

En cuanto a la problemática relacionada con la teoría arqueológica, la posición de los arqueólogos sociales latinoamericanos, sobre la base de la aplicación del materialismo histórico como enfoque filosófico, fue la de circunscribir a la Arqueología como disciplina dentro del marco de las ciencias sociales en general, apartándola del estrecho marco de la Antropología.

Uno de sus más grandes representantes, Manuel Gándara, planteó en la década de los 80: "*La nueva arqueología simplemente no pudo falsificar a la teoría de arqueología tradicional al no establecer una alternativa y su aportación sólo puede valorarse al introducir a la disciplina en la discusión de los problemas metodológicos y filosóficos"* (en: López Aguilar; 1990; 74-75).

Luis Felipe Bate al considerar este aspecto plantea cómo no tiene sentido esbozar una teoría arqueológica, pues existe una teoría general para el estudio de la realidad social investigada por la arqueología: el materialismo histórico. El objeto sustantivo de investigación de la arqueología es para él "la sociedad como totalidad histórica concreta la cual se rige por leyes generales que adquieren particularidades

[7] Esta cita de E. C Harris en su totalidad aparece referenciada en el capítulo 2.

en cada período histórico, y que siempre existen, en concreto, como fenómeno singular, multideterminado" (Bate; 1981, 1998: 41, 2006).

Según la vertiente materialista de la historia, los problemas del registro arqueológico deben ser resueltos sin contratiempos significativos, ya que la explicación general de las leyes que rigen a cada sociedad está formulada teóricamente en la categoría de FES, mientras que la especificidad del registro arqueológico puede estar involucrada en un concepto como el de cultura en términos de Bate. (López Aguilar; 1990: 79).

En el libro: *El proceso de investigación en arqueología*; edición crítica del año 1998, Luis Felipe Bate enfoca la cultura como categoría general del materialismo histórico. Según su criterio, ésta expresa relaciones comunes a cualquier sociedad en cualquier momento histórico. Este punto le sirve para apoyar su opinión de disconformidad del manejo de este concepto como el objeto de investigación de la Arqueología como ciencia.

No es para él categoría central de ninguna disciplina de las ciencias sociales al no reflejar las regularidades causales o estructurales que rigen el desarrollo de las sociedades. Analiza como éstas están contenidas en la categoría de Formación Social, en donde incluye las contradicciones internas fundamentales articuladas en torno al modo de producción (Bate, 1998: 68).

He analizado hasta aquí tres de los problemas fundamentales debatidos por las últimas corrientes arqueológicas. En lo adelanté examinaré los puntos relacionados con la metodología utilizada para el abordaje del trabajo de campo.

Durante muchos años los arqueólogos al utilizar los procedimientos estratigráficos hacían distinción entre los procedimientos arbitrarios y los naturales. Los primeros consistían en intervenir los sustratos aplicando medidas estándares, predeterminadas a juicio del interventor; por el contrario, cuando se escogían los procedimientos naturales, se seguía la configuración *natural* de deposición de los estratos sin medidas arbitrarias. El arqueólogo reconoce el carácter antrópico de la estratificación llamada *natural* en Arqueología, no obstante, esta forma de llamarla caracterizó nuestra metodología de trabajo por mucho tiempo.

A partir de 1979 en que Harris y Reece comienzan a hablar de puntos discordantes dentro de la estratigrafía arqueológica, y estos conceptos *tradicionales* comienzan a cambiar.

Harris establece entonces una serie de principios que han revolucionado la manera de interpretar los registros. Su objetivo fundamental era crear un sistema de registro de los datos arqueológicos entendibles por la mayoría de los arqueólogos de diferentes partes del mundo, los cuales ayudarían a las interpretaciones posteriores.

En la actualidad, con los aportes realizados por parte de los especialistas europeos (España e Italia) y su aplicación en contextos fundamentalmente insertados a lo que se conoce como Arqueología Histórica, se han advertido una serie de alcances de la metodología que van más allá de la descripción detallada de un yacimiento y su ubicación en una secuencia temporal.

Como veremos a continuación, los principios establecieron tres relaciones estratigráficas básicas adaptadas de la Geología y un cuarto axioma, que constituía la única fuente arqueológica. Al final del análisis de la estratificación, se establece la secuencia estratigráfica general del sitio, la cual contiene la evolución temporal del mismo. Su aplicación con eficacia demanda una estrategia específica de excavación, y una concepción diferente a la hora enfrentarse a lo *excavado*, todo esto ha develado un mayor alcance en cuanto a posibilidades interpretativas, lo cual viabiliza extraer explicaciones de los procesos formativos de un yacimiento. Estas potencialidades aportan a los especialistas una mayor fiabilidad de la información extraída, posibilitando la elaboración futura de teorías de nivel alto, abarcadoras de procesos generales que atañen al desarrollo histórico de una sociedad concreta.

Capítulo II
Análisis de los principios de Estratigrafía Arqueológica de E. C. Harris

En 1979, el ya para entonces Doctor en Antropología, Edward C. Harris publica su tesis de Doctorado: *Principios de Estratigrafía Arqueológica*, donde expone un nuevo método de registro para el yacimiento arqueológico. Esta obra de carácter fundamentalmente metodológico, motivada por la interrogante del momento, cómo interpretar el registro arqueológico, parte de una serie de conceptos y categorías explícitos en su texto.

En Cuba, la arqueología tiene su historia proveniente del siglo XIX. Prestigiosos profesionales han sido los maestros de otros que han llevado a cabo esta tarea por largos años. Muchas veces decimos que trabajamos bajo los presupuestos ya enunciados en un proyecto de investigación *modelo*, con hipótesis predeterminadas y objetivos claros, los cuales marcan las pautas de nuestra investigación. Utilizamos conceptos nuevos, en boga, introducidos por las vertientes más modernas del pensamiento arqueológico como registro arqueológico, registro estratigráfico, estratigrafía arqueológica, cultural o antrópica, estructuras, relaciones artefactuales, contextos primarios y secundarios, procesos deposicionales, entre otros. Estas categorías parecen brindarle autenticidad científica a nuestro trabajo. Sin embargo, las conclusiones de muchas de nuestras investigaciones, establecen resultados parciales, que no se integran; sobran los listados tipológicos, los listados con los estratos numerados en relación con los artefactos encontrados en él, y las investigaciones históricas, donde la extracción del material documentado en archivos no se articula con la información procesada por el arqueólogo, con el objeto de llegar a una explicación teórica de la sociedad estudiada. Nos preguntamos entonces por qué sucede todo esto. La respuesta es sencilla: no sabemos cómo llegar a otro nivel interpretativo o explicativo, porque sencillamente las metodologías empleadas en muchos casos no nos permiten llegar más lejos. Todos estos hechos demuestran lo mucho que resta por hacer todavía, si bien hemos logrado grandes avances, falta mucho camino por recorrer en la ciencia.

La mayoría de los especialistas en nuestro país tiene claro que la arqueología es una ciencia social, pero la carencia de una escuela, en el sentido académico del término, ha determinado la no homogeneidad de los conceptos utilizados en los trabajos arqueológicos. La escuela cubana está marcada por la tradición y no por lo institucional, al no existir como licenciatura en nuestro claustro universitario.

La Arqueología, es una ciencia social. Su particularidad dentro de estas radica en la naturaleza de sus datos: los restos materiales extraídos del registro arqueológico, a los cuales se les atribuye información devengada del estudio, análisis e interpretación de estos.

La estratigrafía, su papel dentro de la investigación arqueológica

"No debería existir una línea divisoria entre la experiencia práctica y la intelectual, ya que lo que un estudiante aprende en una excavación tendría que estar basado en principios estratigráficos, derivados a su vez de observaciones precedentes efectuadas sobre el terreno. Por tanto destacar una u otra experiencia es un camino equivocado. La opinión ampliamente difundida de que la experiencia práctica ha de superar en gran medida a la teórica es la responsable de la falta de desarrollo de los conceptos estratigráficos en arqueología." (Harris, 1991:66).

La Arqueología en sitios urbanos está definida por su complejidad estratigráfica reconocida por prestigiosos arqueólogos. Estas características de las ciudades como yacimientos arqueológicos complejos, ha llevado a numerosos y reconocidos estudiosos en la materia a buscar metodologías más eficaces para la descripción e interpretación de los datos obtenidos con una mayor rigurosidad científica. La estratigrafía arqueológica es una herramienta teórico práctica clave, de la cual se arma el arqueólogo para la decodificación del registro arqueológico como sistema. Dentro de este marco se ubica el arqueólogo inglés Edward C. Harris, licenciado en Antropología de la Universidad de Columbia (N. Y.).

En 1978 termina su doctorado en la Universidad de Londres con su tesis: *Principios de la Estratigrafía Arqueológica*, publicada un año más tarde. Actualmente es el Director del Museo Marítimo de las Bermudas, isla donde nació en 1946. Ha viajado a Cuba en dos ocasiones con el objetivo de impartir cursos y conferencias magistrales donde ha explicado los presupuestos de su método.

La versión que analizo corresponde a la segunda edición de su libro, revisión inglesa del año 1989, precedida de la traducción italiana en 1983 y la Polaca en 1989. Sus principios estratigráficos se han aplicado en varios países como Italia,

España, Inglaterra, y ahora en estos últimos años se está comenzando a aplicar en la llamada arqueología histórica que desarrolla nuestro Gabinete.

En el prefacio del libro Michael Schiffer, profesor de la Universidad de Arizona, EUA, señala la deuda contraída por la disciplina con el Doctor Harris, por haber sistematizado los principios de estratigrafía arqueológica. En la introducción que hace el autor a su última edición pone en claro cuales son los presupuestos de su metodología cuando dice, y cito textual:

"Es de vital importancia para la arqueología que alguien como Harris dedique una obra para destacar la importancia de la estratigrafía como eje fundamental en el proceso de investigación tanto durante la excavación como en el trabajo de interpretación posterior que realiza el arqueólogo. La idea de que los componentes de un yacimiento arqueológico se hallan en un estado estratificado- un estado o elemento encima de otro es de importancia primordial para la excavación arqueológica. El presente trabajo es un análisis de los principios de estratigrafía arqueológica que aplican los excavadores en el estudio de los yacimientos arqueológicos durante las excavaciones y en los análisis posteriores a estos. Este libro pone de especial relieve los aspectos cronológicos topográficos y repetitivos o no históricos de la estratificación arqueológica. Se da por sentado que esta acontece como un fenómeno físico similar en todos los yacimientos. Los principios de estratigrafía arqueológica, que es la ciencia por la cual los yacimientos arqueológicos pueden ser debidamente comprendidos, son por tanto, aplicables en todo lugar". (Harris, 1991:11).

A partir de aquí no se niega la importancia que desde el punto de vista científico tiene el análisis estratigráfico para la investigación arqueológica. No obstante, los principios rectores de la estratigrafía arqueológica adquieren carácter científico en la medida en que forman parte vital del proceso de investigación como herramienta teórico- práctica en la decodificación del sistema. Se ha de tener mucho cuidado por parte del arqueólogo en la manera de asumir este procedimiento, pues resulta frecuente caer en el error de convertir su análisis estratigráfico en el "problema científico", o dicho de otra manera, en el eje central de su investigación, cuando en realidad solo constituye la herramienta a través de la cual el arqueólogo se arma para alcanzar su objetivo de conocimiento, más allá del establecimiento de hechos estratigráficos.

Organización de los Principios Estratigráficos según Harris

¿Relación entre estratigrafía geológica y estratigrafía antrópica?

El autor destaca la importancia que tuvo en el siglo XIX la aparición del libro *Principles of Geology* de Sir Charles Lyell, y la revolución que este hecho marcó para la Arqueología. Enfatiza cómo ganó con ello la interpretación de los yacimientos arqueológicos compuestos de estratificación natural o geológica (en la que se hallan artefactos o restos humanos) gobernada por los principios de la estratigrafía geológica. Harris advierte entonces el arribo a un momento de cambio, de asimilación del *divorcio* necesario entre las ideas geológicas de la estratigrafía y los contextos arqueológicos.

"Cuando los humanos hicieron su aparición en la Tierra, se produjo una revolución en el proceso de estratificación que había ido teniendo lugar hasta entonces motivado por agentes naturales. Este gran cambio tuvo, cuando menos, tres aspectos principales: primero, la humanidad empezó a manufacturar objetos que no se conformaban al proceso de evolución orgánica a través de la selección natural; en segundo lugar, los humanos empezaron a definir áreas preferenciales de uso de la superficie de la Tierra; tercero la gente empezó a realizar actividades excavatorias por preferencia cultural más que por instinto, lo cual acabó por alterar el registro estratigráfico de una manera que poco tenía que ver con la Geología". (Harris, 1991: 12).

El paso de los humanos por la Tierra, como bien dice el autor, marcó cambios en la conformación natural de la misma. Desde el primer momento, el hombre transformó su medio para asegurar su supervivencia. Esta acción directa sobre la naturaleza provocó, paulatinamente, un cambio cada vez mayor en la conformación geológica del suelo.

Esta transformación se hizo notoria fundamentalmente en 3 aspectos:

- La manufactura de objetos
- Áreas preferenciales de uso de la superficie terrestre
- Actividades excavatorias de los suelos por preferencias culturales.

El hombre a medida que fue desarrollándose necesitó de objetos especializados para realizar sus actividades económicas fundamentales. Comenzó entonces a elaborar entes utilizando materiales extraídos del medio circundante. Estos elementos, como señala Harris, nada tenían que ver con el proceso natural de evolución orgánica. Al caer en desuso, por disímiles causas, fueron integrándose poco a poco al subsuelo, donde pasan a formar parte de un "contexto", hasta ese momento de origen natural. A partir de aquí se convierte en un "elemento intrusivo", producto "cultural" del hombre.

Los humanos no han colmado toda la superficie de la Tierra, sino que han distinguido zonas de preferencia. Unas han sido habitadas durante largos períodos de tiempo (abarcando casi todos los períodos de desarrollo de la humanidad); otras su tiempo de habitación ha sido más reciente, o por el contrario, zonas que con el tiempo han quedado deshabitadas por distintas causas. Todas estas determinaciones de uso han quedado supeditadas a la voluntad humana.

Los lugares donde el hombre se ha asentado están "marcados" por el "cambio" producido por él en la morfología de los suelos. El hecho de habitar trae consigo la acción de transformar. Este acto modificativo le proporciona al hombre una supuesta mejora en sus condiciones de vida. Si este necesitó construir una vivienda, en cualquier estadío social, tuvo que abrir un hueco o una zanja donde apoyar un poste o hacer un cimiento que le propiciara firmeza. Posiblemente necesitó construir un pozo para obtener agua más fácilmente y así realizó cientos de actividades que necesitaron de una previa excavación del terreno. Esta acción de "excavar por preferencia cultural" (Harris, 1991; 12) fue modificando la estratigrafía natural del sitio, y por tanto construyendo una nueva. Esta estratificación nacida como resultado de la acción humana sobre la naturaleza es la que Harris llama estratigrafía antrópica.

"A medida que las diferentes sociedades pasaban de un estadío a otro, como los nómadas daban paso a los sedentarios, con cada adelanto en el desarrollo de la cultura humana se produjo el consiguiente incremento en la densidad y complejidad de los depósitos estratigráficos en los contextos arqueológicos. Con cada gran cambio, como la revolución industrial de los recientes siglos, los signos estratigráficos de la vida urbana fueron cada vez menos geológicos y más de factura humana. Estratigráficamente hablando, ya desde un momento muy temprano de la historia humana, los principios geológicos de estratigrafía dejaron de ser aplicables a la estratificación de origen humano: desde este momento, el establecimiento de una "estratigrafía arqueológica" como proceso formativo separado es irrefutable". (Harris, 1991; 13).

El papel de los humanos como agentes geológicos transformadores es reconocido ya desde 1922, según Harris. Por lo cual pretender en nuestra ciencia excavar siguiendo los estratos naturales y a través de este procedimiento "interpretar" el paso del hombre, y por ende de las sociedades por él creadas, es inconcebible. Para Harris, este criterio inadecuado basado en ideas geológicas y en una incapacidad de producir memorias de excavación en un período razonable, surge de los registros arqueológicos incorrectos. (Harris, 1991:14). Sobre todo en yacimientos urbanos donde la estratigrafía natural del sitio poco tiene que ver con la conformación natural, devenida consecuencia de un proceso de interacción cultural del hombre con su espacio preferencial de hábitat. El arqueólogo en estos casos interactúa con contextos resultados de la doble acción hombre-naturaleza donde cada acción natural sufrió el empuje de la presencia *cultural.*

Harris analiza cómo, a pesar del carácter imprescindible de la estratigrafía para la Arqueología por ser la herramienta de trabajo fundamental del arqueólogo, ha recibido escasísima atención en la bibliografía. Menciona como casi todos los libros actuales de arqueología dedican sólo una página o dos a la enunciación de principios estratigráficos, y la mayoría de éstos son *versiones corrompidas de manuales de geología, por ejemplo: Barrer, 1977; Hester y Grady; 1982; Sharer y Ashnore, 1979* (en Harris; 1991:14).

Harris recibió variadas críticas donde era acusado de desconocer la Geología. No obstante en las dos últimas décadas del pasado siglo sus principios de estratigrafía arqueológica se generalizaron por diversos países de Europa, y hoy se le reconoce a la estratigrafía arqueológica su papel predominante dentro del proceso de excavación e investigación arqueológica.

Concepto de estratigrafía en Geología

Existían tres axiomas que se aplicaban a los estratos de las rocas: las leyes de superposición, horizontalidad original y continuidad original. La primera establece que en masas estratificadas los niveles superiores son más recientes y los inferiores más antiguos. En la segunda ley se afirma cómo los estratos formados bajo el agua tendrán unas superficies originalmente horizontales, y el hecho de que hoy día haya niveles con superficies inclinadas se debe a los movimientos sufridos desde el tiempo de su deposición. El tercer axioma indica las características del origen uniforme de un depósito, sin aristas expuestas, y de existir en esa condición, constituye el resultado de la erosión o dislocación del depósito (Woodford, 1965; 4 en Harris, 1991; 22).

Otra ley referente a los fósiles hallados en los estratos es la ley de sucesión faunística (Dunbar y Rodgers, 1957:278) o la ley de los estratos identificados por los fósiles (Rowe, 1970:59). Esta ley da por sentado que los distintos restos de fósiles de etapas de vida sucesivas puedan indicar la secuencia relativa de la deposición, particularmente si los estratos han sido desplazados o volcados. La ley de superposición, por ejemplo, no puede aplicarse en estas formaciones alteradas hasta que se determine el orden de deposición (Harris, 1991:22). Harris analiza como a través de estos preceptos la Geología se desarrolló como ciencia, y de esta forma contribuyó con sus aportes al desarrollo de otras como la Paleontología. A pesar de sus contribuciones para el desarrollo de la ciencia arqueológica, la actual definición de los estratos arqueológicos por parte de Harris, alejándolos del sentido clásico del concepto, ha cambiado la forma de enfrentarnos al análisis de la estratigrafía. Debido a estas consideraciones, Harris siente la necesidad de teorizar sobre las leyes geológicas y su posible adaptación también a la ciencia arqueológica.

El concepto de estratigrafía en Arqueología según Harris

En este punto de su trabajo comienza el autor analizando cómo fueron los inicios para la ciencia arqueológica en su vínculo con la perspectiva geológica, en los años que van desde 1797 hasta 1865. Hombres como C. J. Thomsen, Worsaae y Sir John Lubbok le dieron gran impulso a la historia del surgimiento del hombre a partir de que el primero expusiera el sistema de las tres edades (Daniel, 1943 en Harris, 1991: 25) y el último subdividiera la edad de piedra, dando lugar a la bien conocida visión del paleolítico, neolítico, edad del bronce y edad del hierro. (Harris, 1991: 25).

Harris plantea como *no existe una analogía directa* entre las dos estratigrafías por dos razones:

1- La mayor parte de la estratificación arqueológica es producto humano y no está sujeta a las leyes de la estratigrafía geológica.

2- Los artefactos arqueológicos son inanimados, son creados, preservados o destruidos por agentes humanos y/o naturales. Por tanto, estos objetos no están ligados a un ciclo vital, o a un proceso de evolución por selección natural. El hombre crea sus artefactos, los usa, y al final se destruyen. Al ser desechados y/o abandonados con el cursar del tiempo, la pérdida de la acción directa para la cual fueron creados produce una serie de modificaciones en su estructura original, ligado esto a los procesos transformadores del contexto de deposición, los cuales agudizan estos cambios, incluso pueden llegar a ser la causa de que desaparezcan como evidencia material.

Estas afectaciones naturales y antrópicas pueden cambiar incluso las relaciones entre los estratos, llevando a que desaparezcan las líneas, caras o fronteras interfaciales[1] (Arrazcaeta; 2006: comunicación personal); lo cual provoca que pasen desapercibidos a los ojos del investigador una serie de estratos. Sin embargo las diferencias interfaciales estuvieron allí, fueron creadas por la acción humana, no obstante, ciertos procesos naturales o antrópicos posteriores cambiaron su forma aparente. En este caso el arqueólogo ha de ser perspicaz para detectar las diferencias implícitas en otras relaciones dentro del contexto, portadoras de datos, imprescindibles a la hora de interpretar procesos históricos de cambios.

La no inclusión de los objetos dentro del proceso de selección natural propiamente dicho, es un buen punto a tener en cuenta a la hora de hablar de estratigrafía antrópica.

Otro punto que analiza Harris dentro de este aspecto es el préstamo de la ley de superposición original como única ley tomada de la Geología para la Arqueología (Harris, 1991; 31). Reconoce cómo hasta entonces no se pensaba en discutir si realmente para la arqueología los estratos son sólidos y sedimentarios como lo proponía la ciencia geológica.

No existía modificación alguna para los arqueólogos. Nunca antes de 1979 se había pensado en la posibilidad de adaptar esta ley para nuestra ciencia. O sea, si el hombre había abierto una zanja y la había rellenado posteriormente con tierra de otro lugar, esta acción pasaba desapercibida para el arqueólogo, solo se interpretaba el hecho de la abertura del pozo y después su posterior llenado, lo que importaba era la superposición natural de los estratos originales. Es válido decir aquí que este pasar por alto las huellas interfaciales era propiciado también por los procesos de excavación que no permitían ver y analizar los estratos en su horizontalidad, como veremos más adelante.

Técnicas de excavación

Dentro de las técnicas de excavación reconocidas para nuestra ciencia a través de la historia están las estrategias y los procesos[2].

---

[1] Interfaciales se refiere a interfacies, concepto dado por Harris en 1979, en su libro *Principios de Estratigrafía Arqueológica*; primera edición; referido a las caras de los estratos. Véase Glosario.

[2] Procesos: Referidos a los tres procesos fundamentales que existen en arqueología: Estratigrafía arbitraria, estratigrafía natural y estratigrafía arqueológica.

Estrategias: Referidas al modo de abordaje seguido por el arqueólogo para desarrollar el trabajo de excavación. A lo largo de la historia de la Arqueología existen varias; entre ellas: agujeros, calas, trincheras, estrategias de sección en terraplenes y fosos, cuadrantes, franjas para atravesar túmulos y método de cuadrículas de Mortimer Wheeler (1955), además de la excavación en área abierta.

Estas estrategias y procesos que tienen una larga historia en la arqueología determinan la validez y por tanto la cientificidad de los datos extraídos. Como todo método científico las estrategias y los procesos de excavación han ido evolucionando desde un simple "hueco" que se realizaba para obtener los objetos "valiosos" del pasado, pasando por las trincheras y por los métodos de cuadrante.

En la bibliografía arqueológica se ha tratado profusamente el método de cuadrícula de Sir Mortimer Wheeler que revolucionó en su momento la ciencia. Este arqueólogo, según Harris, es uno de los primeros en realizar un dibujo de sección con los números de estratos (Harris, 1991; 30) (Fig. 1).

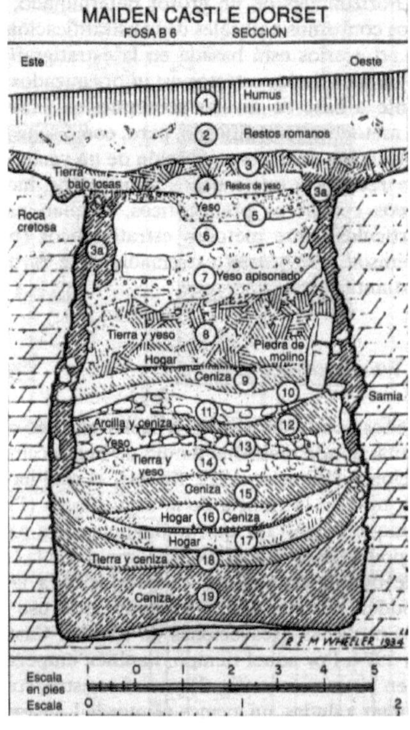

Fig. 1. Dibujo de sección realizado por Sir Mortimer Wheeler en 1934, pionero en la numeración de los estratos. Tomado de: Principios de Estratigrafía Arqueológica de E. C. Harris; 1991: 30

En este punto el autor analiza cómo la estrategia de excavación en área abierta, al posibilitar al investigador extenderse por todo el sitio, es la más ventajosa si se decide excavar siguiendo los estratos antrópicos. Le permite al arqueólogo observar mejor la deposición de la estratificación, se detectan pisos de ocupación simultáneos que se visualizan en toda su extensión, por tanto es factible procesar los datos y discernir qué pertenece a un mismo momento de ocupación de un área y dónde se insertan aquellos sedimentos, zanjas y estructuras pertenecientes a un momento anterior o posterior, a cada estrato excavado.

Podemos afirmar que la estratificación encontrada en las excavaciones constituye un registro codificado de sociedades pasadas y de sus actividades, compilado sin ningún plan preconcebido. Para esta valoración se tiene cuenta cómo nunca se ha demostrado que algún grupo humano se haya dedicado a crear yacimientos con una finalidad *arqueológica* en su mente. La constatación de este hecho obvio sirve para subrayar la vital importancia que esta idea desempeña en cómo los arqueólogos acometen la excavación y el registro de un yacimiento (Harris, 1991: 41).

Cuando se excava mediante procesos arbitrarios estamos destruyendo evidencias del pasado; los objetos al salirse de sus contextos originales se descontextualizan y cambian su significado. En el registro arqueológico están contenidas todas las lecturas posibles a realizar de un sitio. Los procesos arbitrarios borran las huellas del hombre contenidas en las interfacies entre los estratos.

En el proceso de investigación arqueológica ha de ser muy cuidadosa la elección de las técnicas de excavación utilizadas por el arqueólogo, de ellas dependerá el resultado final de su trabajo.

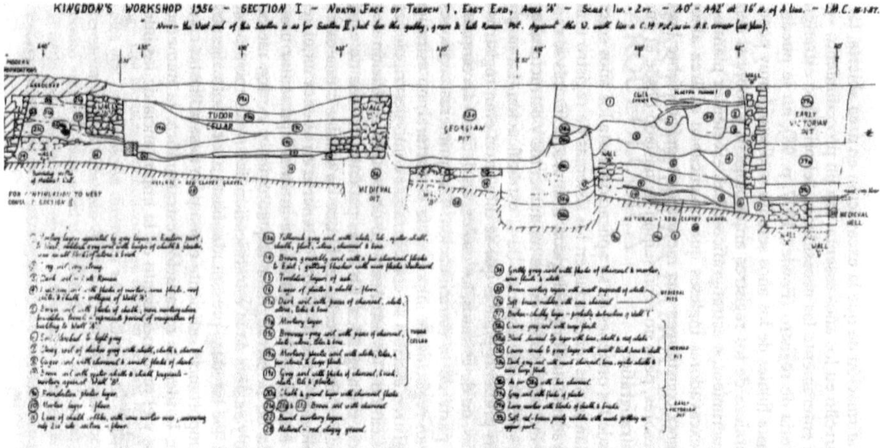

Fig. 2. Dibujo de sección, típico del método de registro utilizados por Sir Mortimer Wheeler y Kathleen Kenyon, usado hasta la década de 1960. Tomado de: Principios de Estratigrafía Arqueológica; 1991: 49

Harris afirma, cuando analiza las metodologías utilizadas hasta los años setenta, cómo entre la década del sesenta y del setenta se discutió muy poco acerca de los registros estratigráficos, y la preocupación de los arqueólogos sobre estos temas. La excavación en área abierta como se concebía en los años sesenta no tenía en cuenta los principios estratigráficos (Fig. 2) *"Las excelentes plantas de algunos excava-dores ingleses que practicaban el área abierta en los sesenta constituyen una mejora cartográfica sobre las de sus predecesores, pero no representan demasiado desde el punto de vista estratigráfico"* (Harris, 1991:50).

Plantea que en general hasta los años 60, hay varias tendencias en los sistemas de registros utilizados:

- El interés se centra en los artefactos
- En los monumentos y estructuras
- Otros aspectos de la estratificación. La mayor parte de las primeras plantas dibujadas eran registros de estructuras, no de estratos, los cuales, en definitiva, comprenden la mayor parte de la estratificación.

Las primeras secciones también eran registros de importancia estructural, no estratigráfica. Los registros escritos se consideraban como descripciones de la composición de los estratos y no como una indicación de su importancia estratigráfica (Harris, 1991: 50).

No había, hasta fines de los setenta, en que Harris comienza a teorizar sobre estratigrafía, ningún antecedente directo para analizar las relaciones entre los estratos arqueológicos. Al omitir estos aspectos los arqueólogos centraban sus estudios en los objetos materiales o en las representaciones estructurales de las secciones que se dibujaban con detalle, pero, ¿cómo eran leídas estas representaciones si no se tenían en cuenta las relaciones estratigráficas, incluso cuando se excavaba en áreas abiertas? Por ejemplo, si se encontraba un canal, este se registraba de forma escrita y en dibujo detallado de su estructura para estudiar exactamente su tipología constructiva. Ambos nos ofrecían datos sobre su composición, pero las relaciones entre este y el estrato que le antecedió, así como el que le sobrevino en el tiempo no era posible siquiera observarlas. No existía un método de registro para el análisis in situ de las relaciones entre ellos. Estas relaciones comenzaron a ser interpretadas como cortes (interfaces de destrucción), rellenos o depósitos en general.

El sistema de registro que Harris propone a fines de la década de los setenta y que revisa en esta edición de 1994, propone que la interpretación de la estratigrafía arqueológica recogida en un sistema de registro, ya sea escrito, en dibujo o en diagrama, es posible sólo después de haber interiorizado cómo la estratificación arqueológica está regida por una serie de principios sobre los que es necesario pensar con el objeto de sistematizarlos. Este análisis nos lleva a desentrañar los procesos culturales causantes del yacimiento arqueológico.

Leyes de estratigrafía arqueológica

"*La estratigrafía arqueológica se basa en una serie de axiomas o leyes fundamentales. Todo yacimiento arqueológico está estratificado en mayor o en menor medida y cualquier error en su registro hace que depósitos o artefactos en él contenidos, al ser separados de su contexto, pierdan la pista de su posición estratigráfica originaria. La naturaleza estratificada de un yacimiento puede ser sumariamente destruida por el uso injustificado del proceso de excavación".* (Harris, 1991:51).

En este capítulo de su libro, Harris analiza las leyes de la estratificación arqueológica. Plantea cómo los yacimientos arqueológicos, están compuestos de depósitos estratificados, y constituyen un fenómeno recurrente, aunque el contenido cultural y el carácter de sus suelos varíen según el lugar geográfico. (Harris, 1991:51).

Las diferencias esenciales que establece Harris entre estratos geológicos y arqueológicos son las siguientes:

- Los estratos geológicos generalmente se refieren a estratos que normalmente se solidificaron bajo el agua, y que poseían una extensión de muchos kilómetros cuadrados; por el contrario, los estratos arqueológicos no se han solidificado, ocupan un área limitada y son de diversa composición.
- Los artefactos no pueden servir de criterio para identificar los estratos en el sentido que implican las leyes geológicas, porque los objetos no evolucionan según la selección natural. Las leyes geológicas no pueden considerarse aptas para los propósitos arqueológicos y deben corregirse y aumentarse según nuestras pautas. (Harris, 1991:52).

En la obra se enumeran las leyes para él rectoras de los principios estratigráficos, adaptadas de la Geología; además se menciona el cuarto axioma que es la ley de la sucesión estratigráfica, la cual procede de una fuente arqueológica (Harris y Reece, 1979).

1. Ley de la superposición: En una serie de estratos y elementos interfaciales en su estado original, las unidades de estratificación superiores son más recientes y las inferiores son más antiguas, ya que se da por supuesto que una se deposita encima de la otra, o bien se crea por la extracción de una masa de estratificación pre-existente.
2. Ley de la horizontalidad original: Cualquier estrato arqueológico depositado de forma no sólida tenderá hacia la posición horizontal. Los estratos con superficies inclinadas fueron depositados originalmente así, o bien yacen así debido a la forma de una cuenca preexistente.
3. Ley de continuidad original: Todo depósito arqueológico o todo elemento interfacial estará delimitado originalmente por una cuenca de deposición, o bien su grosor irá disminuyendo progresivamente hacia los lados hasta acabar en una cuña. Por tanto, si cualquier extremo del depósito o elemento interfacial presenta una cara vertical, significa que ha perdido parte de su extensión original, ya sea por excavación o por erosión, por lo que tal ausencia de continuidad debe tratar de aclararse.
4. Ley de sucesión estratigráfica: Una unidad de estratificación arqueológica ocupa su lugar exacto en la secuencia estratigráfica de un yacimiento, entre la más baja, o más antigua, de las unidades a las que cubren y la más actual, o más reciente, de todas las unidades a las que cubre, teniendo contacto físico con ambas, y siendo redundante cualquier otra relación de superposición. (Harris, 1991:52-64).

Después de analizar la primera ley, Harris resalta la importancia contenida en las relaciones de superposición de la estratigrafía arqueológica; destaca cómo las secuencias estratigráficas de superposición en los yacimientos arqueológicos se obtienen no del análisis de la composición de la tierra del estrato y de los artefactos que contiene, si no del estudio de las relaciones interfaciales entre un estrato y otro. Allí está la información que el arqueólogo debe decodificar: cómo se formó ese estrato antrópico y cuáles fueron los procesos históricos que dieron lugar a esa formación. Allí están las claves.

El arqueólogo, gracias al registro de las relaciones de superposición, compila un corpus que le ayudará a determinar la secuencia estratigráfica del yacimiento. (Harris, 1991:54).

La ley de la horizontalidad original considera tanto las condiciones terrestres como los límites impuestos por el hombre en las áreas de deposición. Aquí analiza los muros y las fosas como "cuencas de deposición", cuencas antrópicas, por supuesto, que cambian la deposición original de los suelos. Plantea cómo muchos depósitos de nuestros yacimientos proceden de causas naturales, existiendo inevitablemente una tendencia a una horizontalidad en la estratificación.

Cuando la cuenca de deposición es una fosa, los primeros estratos de relleno tendrán originalmente superficies inclinadas. Aclara cómo las condiciones pueden variar en dependencia de los factores de deposición: por ejemplo si hay una inundación. A medida que progresa el relleno estos se irán depositando más horizontalmente y la cuenca será cada vez menos vertical con la formación de cada depósito. Harris plantea que en estos niveles superiores, si volvemos a encontrar superficies inclinadas, debemos buscar otra causa, como por ejemplo la puesta en funcionamiento por segunda vez de la fosa. Hemos tenido la experiencia de casos donde se produjo un nuevo corte con el propósito de realizar una nueva fosa. Esta particularidad habría que observarla en el sitio.

La tercera ley cuenta con que todo estrato en su formación natural tiene una continuidad que debe terminar en ángulo de mayor o menor tamaño. Cuando esto no sucede y se observan paredes verticales en la terminación de los estratos es porque estos fueron cortados por el hombre en algún momento de su formación. Estos cortes serían unidades interfaciales que evidenciarían la intervención antrópica.

Esta ley geológica en su esencia es vital en la arqueología, ya que al aplicarla en el terreno, si observamos que no se cumple en su estado natural, podemos interpretar que ha sido destruida por la acción humana.

Según Harris hay dos direcciones en arqueología en la que puede aplicarse:

- Utilidad para los elementos interfaciales, considerados unidades de estratificación como las fosas.
- Si es posible localizar la continuación de la fosa, las dos pautas pueden ponerse en relación. Los estratos que rellenan cada una de las partes de la fosa pueden igualmente correlacionarse.

Las leyes de superposición, horizontalidad original y continuidad original tratan de los aspectos físicos de los estratos en su estado acumulado, como la estratificación. Esto permite a los arqueólogos determinar las relaciones estratigráficas existentes en un yacimiento y realizar las correspondientes correlaciones (Harris, 1991:57).

Harris valora que las circunstancias geológicas de deposición de estratos a través del tiempo, donde cada depósito da lugar a otro, sin alteración y por orden natural, son excepcionales en arqueología debido a que los yacimientos arqueológicos tienen secuencias estratigráficas multilineales como resultado de su limitada extensión, idea esta que comparto. Los estratos arqueológicos al ser cortados, se les impone un límite físico. Esta demarcación interfacial se sitúa casi siempre en contacto con otra que a su vez fue sacada, en parte, de otro sitio para que cumpla una función diferente a la que tenía originalmente, ahora en este sería relleno de una fosa, o de un foso en desuso. En este caso no existe ya relación natural de los estratos, si no, como dice Harris, una secuencia estratigráfica arqueológica, que puede entenderse como una secuencia de actividades humanas que dieron lugar a un registro arqueológico y que se ve evidenciada en la cuarta ley.

La Matrix Harris, que el autor propone, es la ficha donde se destacan una serie de cuadrículas para reflejar las relaciones estratigráficas de un yacimiento. Es simplemente el diagrama propuesto para simplificar el complejo trabajo que impone establecer todas las relaciones de los estratos de un sitio. Esta secuencia se crea, según Harris, mediante la interpretación de la estratificación de un yacimiento regido por las leyes anteriormente mencionadas (Harris, 1991:60).

Este sistema clásico admite solamente tres tipos de relaciones posibles entre las unidades de estratificación dadas. Estas son:

1. Las unidades carecen de relación aparente.
2. Las unidades se superponen.
3. Las unidades están interrelacionadas, o sea, antaño fueron un todo y ahora se cortan por la presencia de un depósito o un elemento interfacial.

Para explicar estas relaciones, Harris da su concepto de lo que es para él una secuencia estratigráfica, que la define como el orden de la deposición de los estratos y la creación de elementos interfaciales a través del paso del tiempo. A partir de aquí el arqueólogo establecerá las relaciones que posteriormente va a representar en un diagrama.

El objetivo de este esquema no es otro que el de representar de una manera simbólica (de allí el uso de de rectángulos enumerados) cada uno de los estratos que componen un yacimiento arqueológico previamente excavado, así como las relaciones que se establecen entre ellas dentro del contexto. Esta forma de registro tiene dos intenciones:

1. Abreviar el intenso trabajo que presupone la organización de los estratos y el establecimiento de las relaciones entre estos, cuando el sitio presenta un gran número de ellos. El autor propone entonces hacer un diagrama en la planilla de registro de cada estrato, de manera que al final se tenga toda la secuencia estratigráfica de la excavación relacionada.
2. Crear un método de fácil lectura entendible para cualquier especialista que se acerque con el objeto de hacer la lectura de la secuencia estratigráfica de un sitio determinado.

Esta forma de registro impone una manera específica de excavar el sitio; siguiendo los estratos arqueológicos en su totalidad en toda un área predeterminada por el investigador de acuerdo a los objetivos que se establece, sin proporcionarles cortes a los estratos, ni dejar ningún tipo de testigo de tierra, como es común en otras metodologías. De esta forma, la posibilidad de excavar por niveles arbitrarios un estrato queda totalmente eliminada, pues esta estrategia rompería todas las relaciones y por tanto se perdería la mayor parte de la información.

Otro aspecto polémico en la obra de Harris es la importancia otorgada a las interfacies, constituidas por las superficies de los estratos (Fig. 3). Pueden ser de dos formas: Interfacies o superficies formadas por la superposición de estratos e interfacies de destrucción formadas a causa de la desaparición de una estratificación preexistente. En Geología estos tipos corresponden con los lechos y las discontinuidades (Harris, 1991: 85).

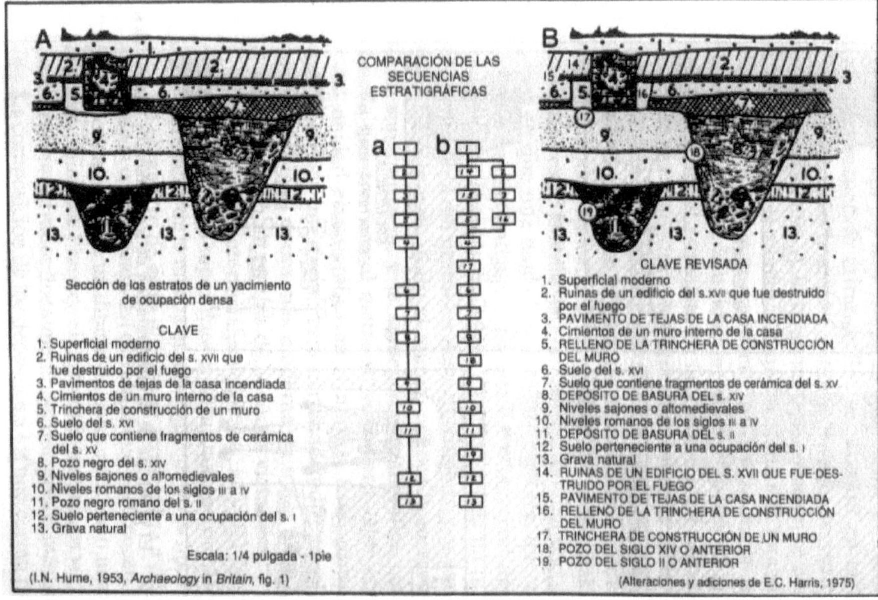

Fig. 3. Ejemplo de cómo los arqueólogos despreciaban la importancia de los elementos interfaciales. Comparación con la secuencia B, donde sí se reconocen estos elementos. Tomado de: Principios de Estratigrafía Arqueológica, 1991: 97

Las primeras, las interfacies de estratos horizontales, son las superficies de estratos depositadas más o menos horizontalmente, teniendo una extensión igual a la del estrato, por lo que poseen las mismas relaciones estratigráficas que los depósitos y se registran como parte integrante de un mismo estrato; mientras que las interfacies de estratos verticales forman la superficie de un estrato vertical, generalmente un muro. Estos son el resultado de la excavación del terreno y se hallan en la mayoría de los yacimientos. Estos se materializan en fosas, zanjas, tumbas, agujeros de poste, etc. y se registran, según el autor, como una unidad de estratificación separada. Nosotros los conocemos como cortes.

Las interfacies de destrucción constituyen el otro grupo que Harris menciona en su obra. Las identifica como el yacimiento que ha sufrido una actividad excavatoria y por tanto se ha destruido cierta parte de los estratos y períodos; estos también son registrados como unidades estratigráficas independientes.

Unos de los aspectos fundamentales de la obra de Harris considero que es precisamente el reconocimiento de las interfacies y al papel fundamental de éstas en la interpretación del contexto arqueológico. Para esto expone tres tipos de ellas: la primera referente a la superficie o cara de una unidad o estrato. Esta constituye la revelación de los distintos procesos deposicionales y post-deposicionales que tuvieron lugar en un contexto y dejaron su rastro en las relaciones establecidas entre este y los demás, en el caso que confluyeran varios de ellos, o entre este y los materiales contenidos. Estas interfaces no se numeran dentro del sistema de registro porque forman parte del resto del estrato. Las interfaces verticales constituyen el segundo grupo, estas son reflejo de la intervención humana directa que ejerce cambios sobre el contexto, dígase muros, zanjas, etc.

Por lo regular, el hombre al colocar un muro realiza un corte sobre los estratos naturales del terreno, después coloca la sedimentación necesaria para sostenerlo de acuerdo al tipo de construcción que realiza. El muro, como mudo testigo de los hechos, no nos dice directamente nada sobre lo que ocurrió. No obstante, el arqueólogo, al efectuar la *lectura* de las relaciones existentes entre este y los estratos cortados, *decodifica* una serie de signos que de manera implícita yacen en las complejas relaciones establecidas en el registro. Algo parecido pasa con el tercer grupo de interfaces llamadas por el autor *interfaces de destrucción,* las cuales son el resultado de una acción de excavación en el terreno, y por tanto, de pérdida de la estratificación existente. Al perderse las relaciones anteriores, se establecen otras nuevas, las cuales orientan las interrogantes por otros caminos. Al registrar minuciosamente las interfaces y decodificar los *significados implícitos* podemos extraer una explicación de los procesos culturales que tuvieron lugar en el sitio.

El autor hace un análisis valorativo del tratamiento que han recibido las secciones arqueológicas a lo largo de la historia de nuestra ciencia, plantea cómo el uso de estas se valorizó y extendió excesivamente; mientras que los dibujos de las plantas fueron menospreciados. Esto se debía a la utilización del método arbitrario para la excavación de los sitios. En las trincheras excavadas por los arqueólogos se dejaban testigos de tierra, de los cuales se realizaban dibujos de secciones verticales donde se reflejaban los perfiles de los distintos estratos que contenía un yacimiento determinado. Los dibujos de las plantas no se realizaban casi nunca, por lo que la información de la continuidad en planta horizontal de los estratos se perdía. Sobre esto dice el autor:

"...Por otra parte, las secciones representan la dimensión temporal del yacimiento, muestran la secuencia de deposición de una serie de estratos y elementos interfaciales que se suceden unos a otros. Así, las secciones y las plantas se com-

plementan: una planta muestra la dimensión topográfica de un yacimiento a través del tiempo. En otras palabras, las plantas constituyen la longitud y la amplitud del yacimiento y las secciones registran la profundidad y estas tres dimensiones, entretejidas, forman la secuencia estratigráfica, la cual representa la cuarta dimensión, es decir, el tiempo, en los yacimientos arqueológicos." (Harris, 1991: 122).

Existen, y son muy tenidas en cuenta por el autor, varios tipos de plantas arqueológicas: la de elementos múltiples, la compuesta y la de estrato simple. La primera es un índice de todos los elementos interfaciales hallados en el yacimiento, sea cual sea su período. La segunda, documenta una superficie formada por más de una unidad de estratificación, estas a veces pueden incluir interfacies de destrucción; y la tercera consiste en la elaboración de una planta para cada unidad estratigráfica y, si es posible, con una sección vertical. Para el autor la planta de estrato simple es la ideal, ya que permite el registro de cada una de las unidades por separado con su dibujo de planta y de sección, lo que facilita el trabajo posterior del arqueólogo, así como que recoge de manera más organizada todos los detalles que presentan cada uno de los niveles estratigráficos.

El uso de una u otra, como método de registro, está sujeto al análisis de la estratificación de un yacimiento. Si este es de poca estratificación, la planta compuesta puede ser, según Harris, el método ideal. Ahora en yacimientos complejos, el uso de la planta de estrato simple es esencial, siendo posible confeccionar las plantas compuestas en un momento posterior de la investigación y a elección del arqueólogo (Harris, 1991:120-145).

El autor posteriormente analiza las secuencias estratigráficas, que son la base de su método, así como su periodización, y dice que estas han sido definidas como la secuencia de deposición de estratos y de creación de elementos interfaciales a través del tiempo, teniendo en cuenta que obviamente, las interfacies no pueden ser excavadas, sino solo documentadas y destruidas -mediante la excavación de los estratos- (Harris, 1991:156).

Continúa diciendo:

"...La secuencia estratigráfica de un yacimiento arqueológico es una configuración única, porque cada yacimiento es un monumento único en la historia, a pesar de que sus unidades de estratificación sean formas repetitivas y no históricas. La secuencia que la excavación arbitraria impone a un yacimiento destruye para siempre su verdadera secuencia estratigráfica. Las "secuencias estratigráficas arbitrarias" son las mismas en todo yacimiento y no pueden ser divididas en fases y períodos. Tampoco tienen el valor analítico que las secuencias estratigráficas normales poseen, ya que estos últimos son una conmemoración involuntaria de acontecimientos tempranos. La secuencia estratigráfica arbitraria nunca dejará de ser un bloque monolítico, cuyo uso constituye una desgracia para cualquier arqueólogo que trabaje en yacimientos manifiestamente estratificados, prácticamente todos los del mundo." (Harris, 1991:163).

Otra vez aquí, de manera explícita, resalta la importancia de excavar siguiendo la estratigrafía arqueológica, para poder establecer después la secuencia estratigráfica completa; rechaza así firmemente la idea de mantener la estratigrafía artificial y/o natural como procedimiento de trabajo, ya que estas falsean y destruyen la secuencia estratigráfica de los sitios.

Al final de su obra, Harris analiza las relaciones que se establecen entre la secuencia estratigráfica y los artefactos encontrados por el arqueólogo en cada uno de los estratos. Plantea que es precisamente en esa relación de donde podemos extraer una interpretación consecuente de los *significados* de estos objetos dentro de la sociedad que presumiblemente le dio origen, o que de alguna forma tuvo relación con sus momentos de *uso y desuso*. El método Harrisiano de registro estratigráfico no incluye, dentro del diagrama de la secuencia, referencia alguna al material encontrado, sino que debe recogerse por parte del excavador, en planilla o ficha diaria de reporte de excavación, la mayor cantidad de datos posibles que hagan referencias al material encontrado. La lectura e interpretación del significado de estos objetos debe ir siempre a la par del análisis estratigráfico realizado en la fase de gabinete, posterior a la excavación.

De ahí plantea que los objetos pueden dividirse en tres grupos, según su posición dentro de la estratigrafía de un sitio:

1. Hallazgos originales.
2. Hallazgos residuales
3. Hallazgos infiltrados.

Los hallazgos originales, como es sabido, son los más importantes ya que pueden proporcionar la cronología de los sitios en que se hallan.

Al final de la obra Harris hace un recuento de todo el proceso de excavación, los métodos de registro y el análisis posterior a la excavación. Señala ejemplos de distintos países donde se ha aplicado la Matriz de Harris, entre ellos Italia, Polonia, Yugoslavia, y la edición revisada en España, Australia, y Centro América. En EE.UU. se ha aplicado en pocos casos pues existen sus reservas. Menciona a Michael Schiffer como el principal ejemplo, ya que en las clases que imparte en la Universidad de Arizona, ha incluido la estratigrafía arqueológica como método principal de trabajo.

Los principios de estratigrafía arqueológica, definidos por E. Harris, al ser aplicados en varios países y por tanto en diversos contextos con distintas características, han sufrido modificaciones a la hora de su aplicación, éstas, a mi entender, han ampliado y por tanto mejorado las posibilidades de la metodología.

Los aportes notables a la interpretación del registro arqueológico, planteados en el capítulo 1, demandan un cambio en la concepción y planificación de la excavación por parte del arqueólogo. Desde el momento en que el arqueólogo comienza a excavar, siguiendo esta metodología, su pensamiento se condiciona para observar: cortes, rellenos, relaciones de unión, etc. Por tanto, al observar el sitio, su teoría de la observación parte del conocimiento teórico sólido de estos principios.

Al excavar un área abierta se elimina la posibilidad de intervenir de forma limitada con el objetivo de resolver solamente un problema científico específico, que concierne simplemente a ciertas particularidades de una sociedad determinada, y no a la totalidad del yacimiento.

La estratificación a estudiar es el resultado (en toda su integridad) de la acción humana, por tanto todo lo que se desprenda de ella es información a decodificar.

El yacimiento arqueológico deja de ser visto como una estructura general formado por varias de ellas, donde se extrae información derivada de los restos de la cultura material realizada por el hombre, restos dietarios, restos de estructuras de edificaciones, etc., sin encontrar la forma de hilvanar todos estos datos. Pienso que Harris encontró una manera de resolver ciertas inconsistencias metodológicas que se venían produciendo en nuestra ciencia y que preocupaban a la comunidad de arqueólogos internacionalmente. Las lecturas desprendidas de los análisis estratigráficos constituyen información aportada a partir de una metodología puramente arqueológica: La teoría observacional, las estrategias para abordar el sitio, los procedimientos de excavación, el registro de la información, la primera interpretación de los datos, constituyen ejemplos de cómo la explicación de los hechos es abordada con un cuerpo metodológico sólido.

Los objetos materiales u orgánicos (restos de dieta), son portadores de información en la medida que se relacionan con los contextos en que fueron hallados. Esta relación se establece no solo en cuanto a temporalidad, ni tipología, si no como información vital sobre las características de los rellenos de los cuales forma parte. Cada una de estas lecturas es única, por tanto, de la relación interpretada dependerá la explicación del proceso que lo llevó a formar parte del yacimiento.

Capítulo III
Evolución metodológica en el Gabinete de Arqueología de la Oficina del Historiador de la Ciudad de La Habana

El Gabinete de Arqueología, perteneciente a la Oficina del Historiador de la Ciudad de La Habana, es inaugurado el 14 noviembre de 1987 por iniciativa del Dr. Eusebio Leal Spengler, bajo la dirección del arqueólogo M.Sc. Leandro Romero Estévanez. La Habana Vieja había sido declarada Patrimonio de la Humanidad y el mal estado de conservación de edificaciones reconocidas internacionalmente por sus valores históricos ponía en riesgo su integridad física, apremiaba entonces la restauración de un centro histórico en peligro.

La Oficina del Historiador de la Ciudad de La Habana es firmante de la Carta de Venecia, emitida en 1965, donde se enunciaba que todo centro histórico, antes de ser restaurado, debía ser estudiado en sus valores históricos y arqueológicos. En Cuba, específicamente a través del decreto número 118, se establece en el inciso k como patrimonio cultural de la nación: *"Todo centro histórico urbano, construcción o sitio que merezca ser conservado por su significación cultural, histórica o social..."*. (1998: 7-8; en Hernández Mora; 2005: 113).

En sus inicios, la necesidad de socorrer un patrimonio urbano en peligro comportó que los trabajos arqueológicos realizados por nuestra institución en sus primeros años se centraran en lo que se ha llamado arqueología de rescate o de salvamento (internacionalmente se conocen como intervenciones arqueológicas de urgencia). Este tipo de arqueología fue adoptado por numerosos países como política nacional, a la que a veces se bautiza con el nombre de Gestión de los Recursos

Culturales. Tal política entraña esforzarse por proteger contra toda clase de daños, importantes lugares de interés histórico y arqueológico, y al mismo tiempo, reconocer la necesidad de llevar a cabo excavaciones sistemáticas en aquellos cuya destrucción no puede impedirse con el fin de que nos enseñen cuanto llevan dentro antes de desaparecer (Renfrew; 1985: 4).

No constituye objetivo de este libro analizar la línea histórica seguida por el Gabinete en el decursar del tiempo, sino de demostrar, a través de los ejemplos seleccionados, como ha evolucionado el pensamiento teórico- metodológico a lo largo de su desarrollo, desde la concepción primigenia de rescate patrimonial a una toma de conciencia científica enmarcada en un momento de desarrollo para la arqueología como ciencia a nivel mundial. En la introducción esbocé algunos elementos que nos ubican dentro del marco de desarrollo de la Arqueología Histórica Cubana, dentro de la cual el Gabinete de Arqueología ocupa un papel destacado.

El Museo de Arqueología es inaugurado en su actual sede: Calle Tacón nº. 12 entre O'Reilly y Empedrado, Habana Vieja, el 2 de febrero de 1989. En sus inicios mostraba piezas de cerámicas representativas de las culturas del Perú prehispánico, además de la muestra in situ de las excavaciones realizadas en la casa durante el año 1986. (Vasconcellos; 2001:22)

Actualmente las salas expositoras del museo se han ampliado, dedicándose fundamentalmente a exhibir las muestras representativas de las piezas extraídas de las excavaciones realizadas en el Centro Histórico Habanero. Tenemos colecciones comparativas, como las de tejas coloniales que se encuentra expuesta, salas especializadas con muestras fijas, biblioteca especializada, laboratorio de zooarqueología, talleres de pintura mural y de arqueología y grupos de conservadores e investigadores.

Durante los primeros años de trabajo arqueológico del Gabinete, debido a lo imperioso del proceso restaurativo donde primó la intención de rescatar para no perder, las estrategias y procedimientos se centraron en la realización de trincheras, las cuales se intervenían mediante criterios estratigráficos arbitrarios. Al inicio existía la idea o el concepto de que todos los sitios a excavar eran el fruto de rellenos secundarios por lo que intervenir siguiendo la estratigrafía "natural" no se consideraba necesario (Arrazcaeta 2006: comunicación personal).

En 1988, comienza a trabajar en el equipo de arqueólogos Roger Arrazcaeta Delgado, quien ya tenía experiencia en arqueología tanto aborigen como histórica. Provenía de un grupo de aficionados pertenecientes al municipio de Batabanó, provincia La Habana, donde trabajaba como museólogo en el Museo Municipal. Arrazcaeta siempre sintió preferencia por los métodos estratigráficos llamados "naturales"[1] por lo que trasladó sus procedimientos habituales a los trabajos que comenzó a desarrollar en el Gabinete.

---

[1] Cuando se hable en estos ejemplos de procedimientos "naturales", va a aparecer el término entrecomillado. Esto se debe a que el término *natural* en arqueología es heredado de la Geología a pesar de que solía ser utilizado en nuestra ciencia para denominar a los antrosoles. No obstante a que existía un reconocimiento del carácter antrópico de la estratificación, la independización total de los conceptos

El problema de la interpretación del registro arqueológico

Uno de los primeros inmuebles en el que intervino es el conocido como casa de los Condes de Santovenia, situado en una posición estratégica de la otrora villa, al lado Este de la Plaza de Armas. Este inmueble es ocupado hoy por el Hotel Santa Isabel.

Se realizaron intervenciones tanto en la planta alta como en la baja. En la primera de ellas se analizó la morfología estructural y arquitectónica (puertas, arcos tapiados) y en la planta baja se excavaron la zona de letrina, el zaguán, habitaciones y otras). Los procedimientos usados en este caso fueron los estratigráficos "naturales". Para el registro de las evidencias se utilizó el papel milimetrado donde se trazaba a escala una cuadrícula; en dicho trazado, en la planimetría, se procedía a colocar las piezas de acuerdo a su ubicación estratigráfica (Arrazcaeta Delgado; 2006, comunicación personal). Se realizaron también estudios geoquímicos en convenios de trabajo conjunto entre el Gabinete de Arqueología y especialistas de la Universidad de la Habana (Vasconcellos; 2001: 26).

El estudio de un sitio como este en una etapa tan temprana de desarrollo metodológico del Gabinete arrojó:

- Un nuevo tipo de mayólica española de finales del siglo XVIII, no reportada hasta ese momento, la cual fue clasificada por Arrazcaeta y Hernández Oliva, como Santovenia, con dos variedades: Azul sobre blanco y Santovenia policromo.
- El poder intervenir en una zona tan importante de la villa la cual se ha podido estudiar muy poco.
- Aportar algunos datos de importancia a los arquitectos proyectistas.
- Secuencia estratigráfica compuesta por depósitos primarios y secundarios de los siglos XVI al XVIII, conservados en condiciones anaeróbicas.[2]

No queda para este caso un documento escrito con resultados explicativos; no obstante algunos de ellos se recogen en dos artículos publicados en el boletín del Gabinete de Arqueología.[3]

Por estos años se comienza a tener contacto con literatura de avanzada para nuestra ciencia. Sobre el año 1988, Arrazcaeta conoce una publicación ecuatoriana titulada *Cambio y Continuidad en Salango*. La misma constituye una síntesis de un trabajo interdisciplinario donde se rescatan valores importantísimos para el conocimiento de la cultura aborigen de ese país. En este caso en el catálogo se destaca que se excavó un área abierta utilizando también el sistema de trincheras para registrar mejor las evidencias. Los procedimientos utilizados fueron los estratigráficos arqueológicos planteados por E. C. Harris acudiendo a la elaboración de la secuencia estratigráfica en un diagrama o matriz.

---

geológicos no se produce hasta fines de la década de los setenta con los Principios Estratigráficos de E. C. Harris.

[2] Otros resultados en: Habana Vieja: Arqueología en edificios históricos, de Roger Arrazcaeta Delgado, en el Boletín no 2, año 2002.

[3] Institucionalización de la arqueología en la habana, de Daniel Vasconcellos, publicado en el Boletín número 1 del año 2001.

Ellos plantearon:

"Una de las ayudas técnicas para la interpretación perfeccionada recientemente, es la Matriz Harris (Harris, 1979). Utilizando las relaciones físicas de los contextos revelados de la estratigrafía para determinar su cronología relativa, permite trazar una representación diagramático de la secuencia estratigráfica de un sitio. Para hacerla es necesario registrar los datos con precisión, pero su propósito directo es el de ilustrar, en una forma comparada y esquemática, la sucesión de eventos cuyos restos arqueológicos son los contextos, proporcionando así, un marco cronológico al cual se puede adjuntar el análisis de los artefactos y de los materiales ambientales asociados con esos contextos." (Centro investigaciones y Museo de Salango; 1984: 23) (Fig. 4).

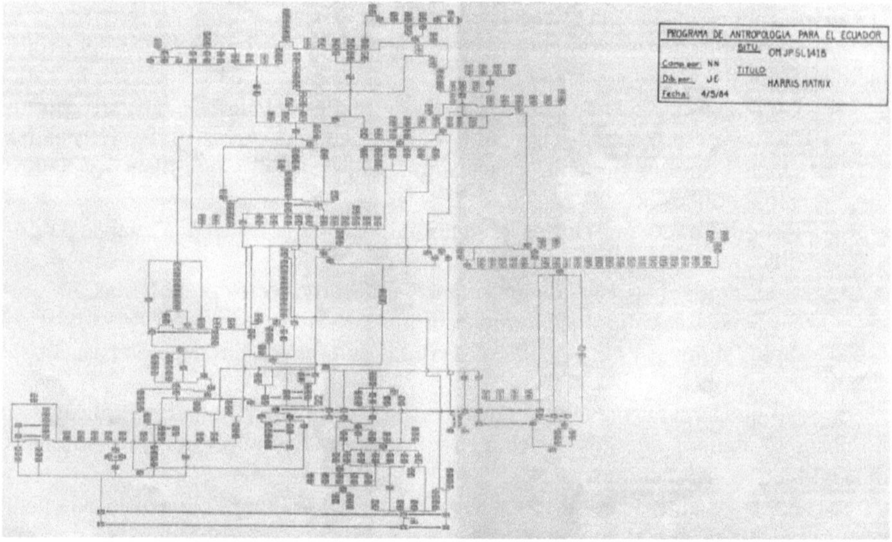

Fig. 4. Matriz de Harris resultante de la secuencia estratigráfica del sitio Salango, Ecuador. Tomado de: Cambio y Continuidad en Salango; 1984:24-25

Entre los años 1990-1991, Roger y un equipo del Gabinete emprende las excavaciones de dos inmuebles: Mercaderes N° 158 - 160, entre Obrapía y Lamparilla, actual Casa Museo Simón Bolívar y otra en Baratillo número101 esquina a Obrapía, conocida como la casa de Pablo Pedroso. En la primera de ellas el uso de los procedimientos estratigráficos "naturales" permitió determinar espacios que sobrevivieron de tipologías originarias, como una cimentación y un pozo gemelo de dos parcelas precedentes, además de un complejo sistema de canalización (Figs. 5 y 6). Se utiliza el mismo sistema de registro mencionado en el caso anterior.

Fig. 5. Pozo gemelo, separado por un muro de mampostería ordinaria. Dividía los patios de dos casas habaneras del siglo XVII. Mercaderes 156-160, Casa Simón Bolívar. Tomado de: Boletín del Gabinete de Arqueología # 2; 2002:18

Fig. 6. Sistema de canalización encontrado en el traspatio del mismo inmueble. Idem., p. 21

Se reconocen, además, muros más antiguos reaprovechados en la nueva construcción correlacionados con otros adicionados en distinto momento constructivo (Arrazcaeta; 2002:18).

En la casa de Don Pablo se pudo excavar de manera extensiva más del 60% de la planta baja, siguiendo como estrategia el área abierta y los procedimientos de la estratigrafía "natural". Para el registro de las evidencias se elaboró una planilla de registro, además se usó el papel milimetrado, donde se efectuaron los dibujos a escala para registro de restos materiales y estructuras. Se efectuaron exploraciones geofísicas, como era común en esta década, para detectar anomalías que pudieran evidenciar los lugares ideales para trabajar.

Los trabajos arrojaron los restos de una grada de construcción naval, la cual Arrazcaeta presupone que sea de fecha muy temprana (Siglo XVI), debido a que se conoce la ya habitación del sitio para fines de ese mismo siglo. Otro aspecto de importancia encontrado fue lo que se suponen restos de un antiguo basurero o muladar que la villa tenía reportado en esa zona por aquel entonces, según actas de cabildo de 1624 y las evidencias cerámicas que corresponden al primer cuarto del siglo XVII (Fig. 8). Todos estos elementos encontrados son pruebas de una etapa de desarrollo de la villa anterior a la construcción del inmueble. De la etapa de este último, se localizaron restos de un pavimento de hormigón de cal antiguo, huecos de postes, cimientos, y dos grandes pailas que al parecer servían de abrevaderos para las bestias, un pozo y dos letrinas, una de ellas se detectó que fue vaciada y construida en su interior una fosa maura para fines del siglo XIX o principios del XX. La otra fue hallada con parte de su contenido original. Todos los artefactos fueron fechados en la segunda mitad del siglo XIX.

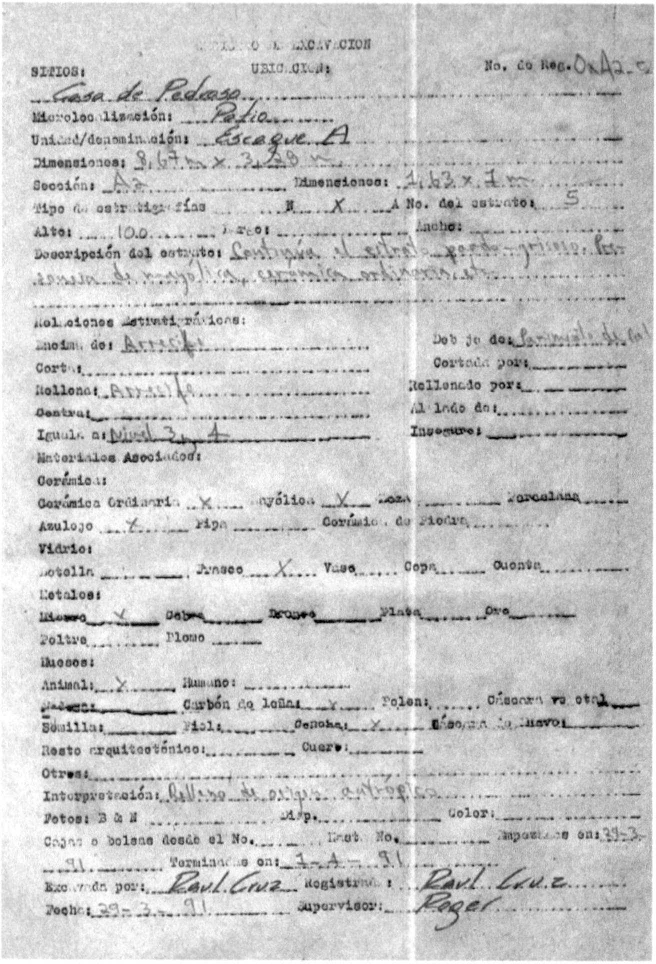

EXCAVACION

SITIOS: UBICACION: No. de Reg.

Casa de Pedroso

Microlocalización: Patio

Unidad/denominación: Escaque A

Dimensiones: 8,67 m x 3,28 m

Sección: A2 Dimensiones: 1,63 x 1 m

Tipo de estratigrafía N X A No. del estrato: 5

Alto: 10.0 Largo: Ancho:

Descripción del estrato:

Relaciones Estratigráficas:

Encima de: Arrecife Debajo de:

Corta: Cortada por:

Rellena: Arrecife Rellenado por:

Contra: Al lado de:

Igual a: Nivel 3, 4 Inseguro:

Materiales Asociados:

Cerámica:

Cerámica Ordinaria X Mayólica X Loza Porcelana

Azulejo X Pipa Cerámica de Piedra

Vidrio:

Botella Frasco X Vaso Copa Cuenta

Metales:

Hierro X Cobre Bronce Plata Oro

Peltre Plomo

Huesos:

Animal: X Humano:

Carbón de leña: X Polen: Cáscara vegetal

Semilla: Piel: Concha: X Cáscara de huevo:

Resto arquitectónico: Cuero:

Otros:

Interpretación:

Fotos: B & N Diap. Color:

Cajas o bolsas desde el No. Hast. No. Empezada en: 29-3-91 Terminada en: 1-4-91

Excavada por: Raul Cruz Registrada: Raul Cruz

Fecha: 29-3-91 Supervisor: Roger

Fig. 7. Planilla de registro correspondiente con las excavaciones efectuadas en la casa sita en Baratillo 101 (Casa Pedroso), donde se reconocen algunas relaciones físicas entre los estratos, evidenciando los primeros contactos con los principios estratigráficos de Harris. Extraído del Archivo de Investigaciones del Gabinete de Arqueología

Las observaciones realizadas en situ permitieron comprobar las excesivas transformaciones que había sufrido la casa tanto en el subsuelo como en la techumbre. Otro detalle importante es que se realizaron estudios de los materiales y técnicas de construcción de este inmueble. Comprobándose la existencia de sillares en la fachada, así como de mampostería mixta, rafas y tapias y tapiales puros en el interior [4]. Este estudio junto con otros pequeños intentos (Casa del Conde Santovenia), constituyeron los primeros intentos de un acercamiento con visión arqueológica al conocimiento de las tipologías constructivas en la Habana Vieja, constituyendo punto de partida para los posteriores trabajos realizados.

[4] Datos del sitio trabajado: Roger Arrazcaeta, comunicación personal. Año 2006.

Fig. 8. Contexto pluriestratificado, que contiene evidencias desde siglo XVI hasta la actualidad. Patio de la Casa Pedroso. Tomado del Boletín del Gabinete de Arqueología, 2002:16.

Como ya mencioné, los datos recogidos en esta excavación fueron llevados a una planilla de registro donde se reconocían algunas relaciones físicas entre los estratos. Estas relaciones fueron extraídas de los primeros contactos con bibliografía que hablaba de los principios harrisianos, como es la del caso ecuatoriano ya mencionado. El uso de este tipo de planilla evidencia el reconocimiento del papel fundamental que juegan las relaciones contextuales dentro del registro arqueológico para la posterior interpretación del mismo (Figs. 7, 9 y 10).

En el año 1994, se produce la graduación de obreros calificados en la Especialidad de Arqueología dentro de la primera promoción de la Escuela Taller de La Habana Gaspar Melchor de Jovellanos. Estos recién graduados comienzan a trabajar como arqueólogos en el Gabinete, por lo que se integran a los trabajos que se estaban realizando en esos momentos, asimilando así la experiencia acumulada en unos pocos años. La entrada de bibliografía especializada de avanzada continúa dejando su huella en los resultados investigativos, aspecto este que seguiré analizando en los próximos ejemplos.

Entre los años 1994 y 1995, un equipo de estos jóvenes encabezados por Carlos Alberto Hernández Oliva procede al estudio del inmueble conocido como la casa de los Marqueses de Arcos, situada en la calle Mercaderes N° 16, entre Empedrado y O´Reilly. En la misma se realiza un estudio paleogeográfico de la Plaza de la Ciénaga (actual Plaza de La Catedral) debido a que el inmueble se encuentra situado en la frontera con esta, lugar donde se establecieron las primeras mercedes de tierras para poblar la villa. (Hernández y Roura; 2005: 38). Los autores, además de estudiar la evolución histórica del inmueble, se propusieron al menos esbozar las características naturales del entorno de este importante lugar. Realizaron para ello estudios topográficos apoyados también en la cartografía antigua y actual para al menos reconstruir el perfil de la zona. Las excavaciones del inmueble se realizaron en 4 puntos de la casa. La estrategia escogida fue la realización de trincheras y los procedimientos: los estratigráficos "naturales". Para el registro de las evidencias se utilizó una nueva planilla confeccionada a escala: 1:10 por Hernández Oliva; con el objetivo de ubicar todas las evidencias recogidas en cada uno de los estratos, determinando así donde se situaba la mayor concentración del material, lo cual permitiría realizar inferencias sobre la posible localización del cono de deyección (Arrazcaeta Delgado y Roura Álvarez; 2006, comunicación personal) (Fig. 11).

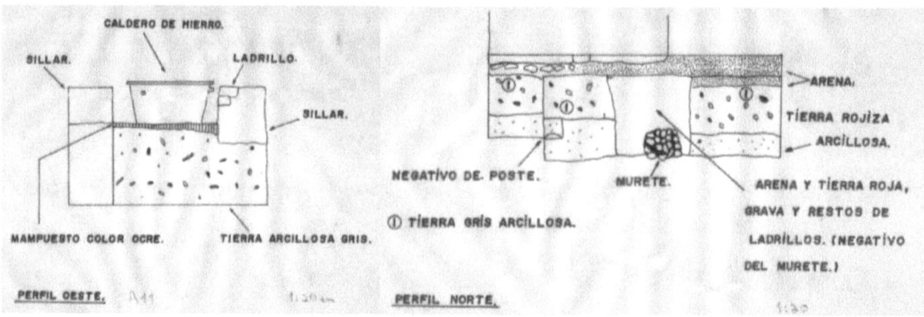

Figs. 9 y 10. Perfiles estratigráficos realizados en las excavaciones de la Casa Pedroso. Extraído del Archivo de Investigaciones del Gabinete de Arqueología

En la primera área excavada (situada en la Galería norte del patio central), de una extensión de 2 m de ancho y de 6 m de largo, profundidad 1.90 m, se detectaron 7 estratos "naturales"; de los cuales el último se pudo clasificar como basura primaria, resultado de la acción antrópica en un momento muy anterior a la fundación de la casa. Se detectaron en su contenido restos dietarios de cerdo, aves, pescado, etc. (dieta típica encontrada en los sitios habaneros). Un fragmento de burén, un raspador de *Codakia orbicularis*, una gubia, un pico y un martillo, elaborados en *Strombus* sp., evidencias de indudable filiación aborigen (Fig. 12).

El poder identificar ya en esta etapa los basurales como contextos primarios, como en este caso, evidencia un desarrollo metodológico producto de los primeros contactos con la obra de M. Schiffer, la cual fue un revelador instrumento de factible aplicación en los contextos históricos habaneros. Ya no se creía, como a fines de la década de los 80 que todos los contextos encontrados en los sitios habaneros eran el resultado de rellenos. La posibilidad de identificarlos significó un paso cualitativo en la elaboración de explicaciones sobre los procesos causantes de la formación de los contextos.

En el caso de la excavación 3 realizada en este inmueble, se reportó la existencia de un colector rellenado; a partir de aquí se realizaron varias inferencias teniendo en cuenta su ubicación en el lado sur de la casa, exactamente en el área del traspatio y cerca de donde se efectuaban las actividades domésticas (área de cocina y caballeriza), de inicio se pensó en la posibilidad de una letrina.

PLANILLA DE CONTROL
Gabinete de Arqueología

Sitio: ____________________ Área: ____________________

Unidad: ____________ Capa: ____________ Nivel: ____________

Excavador: ____________________ Fecha: ____________

Observaciones:

Fig. 11. Planilla de registro utilizada por primera vez en las excavaciones efectuadas en el inmueble sito en Mercaderes # 16, Casa de los Marqueses de Arcos

En el relleno de dicho colector se encontraron grandes cantidades de frascos de vidrio, por lo que se pensó que ante la escasez de materiales térreos para rellenar, se suplían estos por grandes concentraciones de basuras, en este caso la elegida era poseedora de frascos de este material. Este tipo de inferencia de alcance medio se comienza a realizar de forma habitual.

Fig. 12. Excavación # 1, Casa de los Marqueses de Arcos. Tomado del Archivo de Investigaciones del Gabinete de Arqueología

Teniendo en cuenta los datos históricos, se determina una remodelación del inmueble en el siglo XVIII, por parte de su propietario, D. de Peñalver. Se infiere que el colector encontrado es anterior a esta fecha y formaba parte de la vivienda contigua, motivo por el cual queda incorporado a las propiedades que este adquiere.

En el caso de la excavación no 4, colindante también con el traspatio de la casa, se detectaron varios muros pertenecientes sin dudas a otro colector sanitario. Con dos conexiones o tiros de desperdicios. *"...los dos conductos, junto al habitual agujero encima de la estructura por donde también se botaban los desechos, que se usaba como baño, tenían una frecuencia absolutamente anárquica, que debía estar supeditada a la irregularidad propia de la actividad humana, por lo tanto las modificaciones del contexto deposicional van a estar signadas por esta realidad".* (Hernández y Roura; 2005:42) (Fig. 13).

Parte del relleno de este colector fue reconocido como secundario, deducción que está enmarcada y justificada por la diversidad y el grado de deterioro de los artefactos en él registrados, por lo que no se pudo datar el mismo.

En cuanto a las reflexiones finales deducidas, se establecen 4 etapas de desarrollo del inmueble:

- En la primera de ellas se ubicó una primera fase ocupacional de la finca (siglos XVI-XVII) evidenciada en la presencia de un nivel de piso y unas huellas de horcones que no tienen que ver con el espacio habitacional actual que ocupa el mismo. Las evidencias aborígenes encontradas se hilvanaron a un proceso primigenio, del cual se infiere la posibilidad de existencia de una cierta convivencia intercultural, alejada un tanto de la hipótesis de su aislamiento y/o exterminio al poco tiempo de establecimiento de los españoles en la villa. Las evidencias que apuntan al reconocimiento de esta hipótesis son frecuentes cuando se excavan sitios tempranos de habitación en nuestro casco histórico.

- La segunda etapa, ubicada cronológicamente en la primera mitad del siglo XVIII -no existía todavía el inmueble actual-, no tiene muchos datos reportados.
- En la tercera etapa es cuando Diego Peñalver compra las casas, y se levanta el actual inmueble, se pudo reorganizar el espacio de acuerdo a sus funciones. Función doméstica: Planta baja, entresuelo y planta alta. Espacios relacionados con la vida familiar de los dueños de la misma. Esta parte de la casa fue decorada.
- La cuarta etapa: Perteneciente al siglo XIX, sufre aquí transformaciones espaciales, dadas al perder su condición doméstica y pasar de Administración de correos a Liceo Artístico y Literario. Las transformaciones, reportan los autores, obedecen a un reacomodamiento del espacio. Además la puerta del salón que mira hacia la calle mercaderes fue ampliada, para lo cual aumentaron los puntos de apoyo con columnas de hierro e interiormente se dividió el espacio con un tabique de ladrillos; las puertas y ventanas hacia la plaza de la Catedral también se modificaron.[5]

Fig. 13. Excavación # 4, Casa de los Marqueses de Arcos. Tomado del Archivo de Investigaciones del Gabinete de Arqueología

[5] Todos los resultados aquí expuestos fueron extraídos del artículo: Intervención arqueológica en la casa: Marqueses de Arcos. de: Carlos Alberto Hernández Oliva y Lisette Roura Álvarez. N°. 4, año 4. 2005.

El informe presentado, el cual aglutina los resultados extraídos de las excavaciones ejecutadas en dicho inmueble, es un ejemplo de las inquietudes investigativas que por estos años ya presentaban los arqueólogos de nuestra institución. Se hace común el preguntarse qué hacer con los datos obtenidos en cada registro, llegar a otros niveles teóricos interpretativos diferentes a enumerar los estratos, clasificar los materiales, y nombrar las estructuras (canales, pozos, letrinas) como elementos constituyentes de la infraestructura del inmueble. Es evidente el *horror* al descriptivismo en esos momentos manejado en términos peyorativos, y por consecuencia inmediata al positivismo. Como ya analicé en los ejemplos anteriores, algunos pasos venían avizorando estos cambios, acelerados por estos años. En este caso específico; se aplica el remontamiento de piezas como herramienta de sondeo en situ, la cual permite entender cómo llegó la pieza al depósito, ubicando el cono de deyección. Se realiza un estudio del entorno natural del inmueble, lo cual permitió entender la relación del espacio donde está ubicado, con las tempranas evidencias encontradas en la intervención. La comparación e interrelación con los datos históricos permitió explicar la evolución del mismo proporcionando las referencias necesarias para establecer su desarrollo por etapas.

Entre 1996 y 1997, Anicia Rodríguez y un equipo de arqueólogos también graduados de la Escuela Taller de la Oficina, emprende la excavación del inmueble Mercaderes N° 202 esquina a Lamparilla, actual Hostal Conde de Villanueva. Teniendo en cuenta la experiencia anterior, para este caso se elabora un proyecto de intervención donde se destaca la urgencia de los trabajos de restauración, señalando que se realizaría lo que se conoce como arqueología de rescate o de salvataje.

Se trazó como estrategia para este caso en el área del traspatio una red de coordenadas finitas la cual permitía referenciar, como era común, los materiales y estructuras que fueron apareciendo en el sitio (Fig. 14). Como procedimiento se escogió excavar por estratos arbitrarios de 0.20 m de grosor, correlacionando el comportamiento de las capas naturales a través de planos de corte estratigráfico. Para el registro de las evidencias, según su ubicación en la estratigrafía, se utilizó la planilla del caso anterior (Fig. 11).

Para estudiar los cambios ocurridos en el plano vertical (referido a los paramentos), se realizaron calas parietales en los muros. Este tipo de calas practicadas con el fin de hallar elementos puntuales (huellas de escaleras, entresuelos, vanos tapiados, restos de pintura mural, etc.), se realizaban en pequeñas porciones de los muros (especie de escaques), pero solo permitían establecer la existencia real o no de determinados elementos. Al no constituir un estudio generalizado en el inmueble, no concedía lugar a la reflexión sobre la evolución de los muros. Cosa que como veremos más adelante es posible con la aplicación de las nuevas metodologías.

Se estableció el relleno de la letrina como un contexto secundario. Se identifican también en el área no techada del traspatio una canal de ladrillos, con losas de mármol dispuestas sobre éstos, la que posiblemente desaguara en el aljibe (Fig. 15). No se pudo determinar el lugar exacto de desagüe porque esta se corta abruptamente. Todavía en esos años no existía el herramental que hoy poseemos para decodificar el significado que puede tener un corte en un contexto.

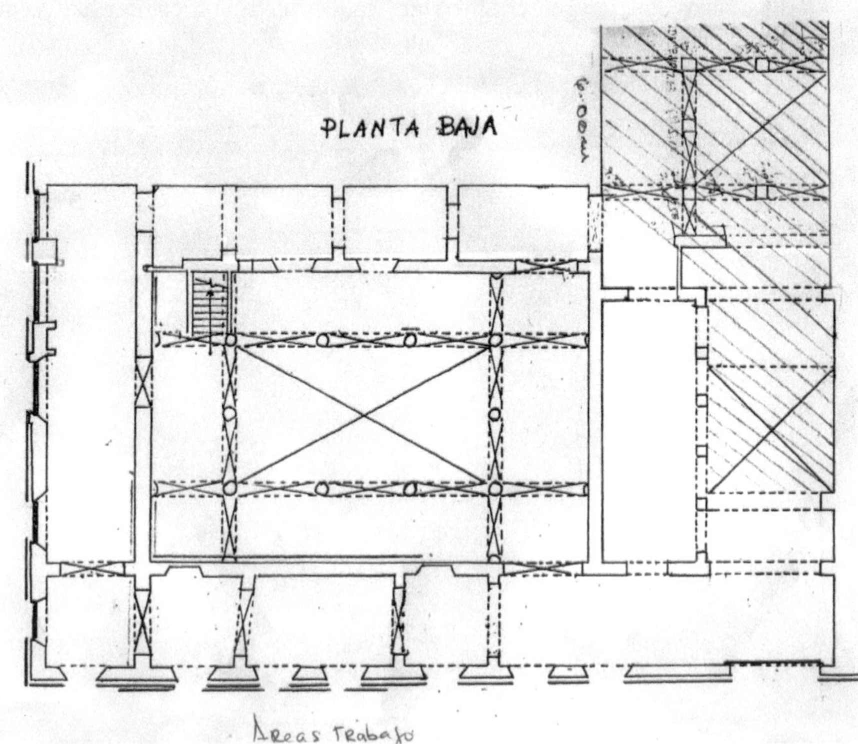

Fig. 14. Plano de la planta baja de la Casa sita en Mercaderes # 202 (Casa de los Condes de Villanueva), donde se señalan las áreas intervenidas. Tomado del Archivo de Investigaciones del Gabinete de Arqueología

Para explicar este caso se relacionan los datos históricos con los hallazgos arqueológicos, realizando inferencias de alcance medio, cuyos basamentos parten de las regularidades establecidas para los traspatios en los sitios habitacionales habaneros, los cuales eran usados habitualmente para la realización de actividades de servicio, siendo frecuente encontrar en ellos estructuras remanentes de las mismas.

Otro aspecto histórico a partir del cual se realizó una inferencia que explica los datos arqueológicos es:

- La escasez de agua potable constituía algo común en la ciudad. Esto produjo en la población la necesidad de asegurar un sistema usual de recogida de agua de lluvia acumulada en los techos, mediante canales o columnas, las cuales conducían este líquido hacia un aljibe o pozo, utilizado en el servicio doméstico. En el área del traspatio fueron encontrados dos pozos, rellenados en algún momento (Fig. 16). Para la explicación de sus usos la autora trazó dos probables hipótesis:
- Una, que los pozos funcionaron en diferentes épocas como pozos de agua.

- Los pozos funcionaron en diferentes épocas, pero uno como agua y otro como pozo maura.

Fig. 15. Área de letrina, situada en el traspatio del mismo inmueble, donde puede observarse una canal de ladrillos. Tomado del Archivo de Investigaciones del Gabinete de Arqueología

Se descarta la posibilidad de que los dos funcionaran a la vez, uno como depósito del líquido potable y el otro como vertedero, ya que estando a sólo 2m de separación, podría contaminarse el agua. Por datos históricos se esclareció que el denominado por los arqueólogos como el número 2 es anterior ya que aparece descrito en la tasación, y el otro, marcado con el número1, confeccionado de ladrillos, es posterior a esa fecha.[6]

[6] Los resultados de esta excavación fueron extraídos del informe inédito que sobre ella realizó Anicia Rodríguez González, titulado: *Estudio histórico arqueológico de la casa del Conde de Villanueva*. 1997, el cual forma parte de los fondos archivísticos del Gabinete de Arqueología de la Oficina del Historiador de la Ciudad de La Habana.

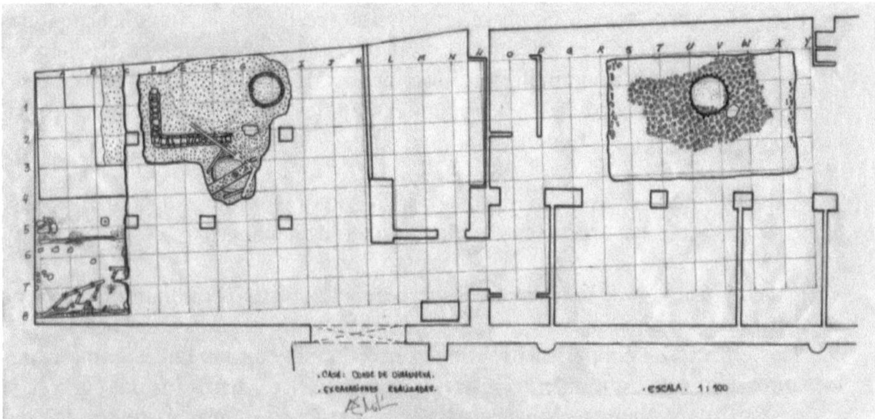

Fig. 16. Dibujo donde son representados dos pozos hallados en el proceso de excavación, en el mismo inmueble. Tomado del Archivo de Investigaciones del Gabinete de Arqueología

Se observa también, en este caso, el contacto con la obra de M. Schiffer en la identificación de los contextos.

En ese mismo año, el anuario de la Casa del Caribe, El Caribe Arqueológico, publica un artículo cuyos autores, Carlos Alberto Hernández Oliva y Lisette Roura Álvarez titularon: *"Apuntes en torno a la naturaleza de los contextos arqueológicos en la Habana intramuros"* donde se establecen una serie de regularidades extraídas tras diez años de intervención en los contextos habaneros; de manera general se plantea:

- Evolución paulatina enmarcada en cuanto se dejan de dibujar perfiles, cuyo valor era meramente estructural, relacionándolos solamente con los restos artefactuales extraídos. Se comienza a tratar de forma analítica la dinámica que dio origen al yacimiento en particular, imbricándolo con las leyes generales de la sociedad. (Hernández y Roura; 1997:110-111)
- El modo de producción imperante durante 4 siglos coloniales se mantuvo más o menos sin variantes significativas que cambiaran la estructura general de la sociedad, por lo cual las relaciones de producción y las fuerzas productivas se mantuvieron con relativa estabilidad (*Ibíd.*; 1997:110-111); estableciéndose como elementos distintivos del sistema, a pesar de no estar explícitamente contenidos en la particularidad del yacimiento encontrado en un inmueble doméstico (*Ibíd.*; 1997:110-111). Lo evidente es que, de cierta manera, las particularidades de la vida cotidiana de sus habitantes responden a la relación asumida con respecto a la sociedad rectora. Dicha relación está condicionada por actitudes de aceptación de las normas, adaptación a ellas o rechazo, lo cual determinarán de acuerdo a su experiencia en el medio social.
- Los autores, para explicar esta situación, enfatizan en las transformaciones espaciales de los inmuebles, así como de relaciones comerciales que elu-

den el control social, como inferencia interpretativa para explicar algunas presencias materiales artefactuales en el registro arqueológico. Es notorio en este caso como comienzan a interiorizar algunas supuestas fallas detectadas sobre los años 80 y 90 a la aplicación del método materialista histórico al análisis de los contextos arqueológicos.

Otras particularidades analizadas por los autores, enunciadas en forma de ley, por aparecer de forma recurrente en los inmuebles habaneros:

1. Los depósitos o colectores de desperdicios domésticos estaban ubicados en el área del traspatio.
2. Los colectores contienen ítems en concordancia con las líneas comerciales imperantes en un momento histórico concreto. Los depósitos del siglo XVI y XVII contienen mayólica española o mexicana en contraste con los depósitos adjudicables a inmuebles con un desarrollo en el siglo XIX, donde predomina la loza de factura inglesa o europea. Si en un sitio fechado en una época temprana no ocurrieron transformaciones durante el siglo XIX, es ilógico encontrar en él este último material.

Como herramental metodológico se plantea en el artículo el establecimiento de relaciones contextuales entre las piezas y los estratos, representándose de forma tridimensional, aportando así datos relativos a la forma de deposición en que fueron vertidos los rellenos, para ello se plantea que es importante un riguroso registro.(*Ibíd.*;1997:110-111). Se recomienda después, extender todo el proceso dialéctico desde el interior de los inmuebles a la sociedad, con el objeto de generalizar. Estas regularidades establecidas en el artículo analizado son el resultado de los estudios realizados hasta ese entonces en el Gabinete, en una etapa donde las influencias del procesualismo en sus dos vertientes, habían prendido con fuerza.

Sin embargo, aunque el momento de desarrollo del conocimiento científico de los contextos habaneros demandaba la necesidad de que se implementaran estudios como este, sólo se lograron establecer regularidades como las anteriormente mencionadas, deducidas a través de la implementación de hipótesis analógicas, que establecieron puntos de recurrencias, obteniendo inferencias a partir de la aplicación de teorías observacionales para la análisis e interpretación de datos. Para procesos explicativos de índole más compleja, de alto nivel teórico, se sugiere la implementación de metodologías más rigurosas en cuanto a la colecta, e interpretación de datos, las cuales permitirían ahondar más en los procesos de formación del yacimiento en cuanto permiten acercarnos al cómo y al por qué ocurrió.

La recomendación de extender el proceso dialéctico a la sociedad demandaría sin dudas la consumación de trabajos más serios, con una preocupación por alcanzar niveles teóricos profundos que van más allá de lo empíricamente observable, o del establecimiento de teorías de nivel medio basadas en inferencias que no sobrepasan lo mediato. Para esto, como ya he reiterado, es importante el uso de un herramental que desde el trabajo de campo garantice la posibilidad de llegar a este nivel. No se puede emplear un cuerpo teórico muy avanzado sin que la metodología de campo empleada lo respalde; cómo hacer generalizaciones sin haber empleado estrategias y procedimientos de excavación que respeten la integridad del yacimiento arqueológico.

Entre los años 1996 y 1997 se excavó el interior de la Iglesia de San Francisco de Paula, ubicada en la calle que lleva su nombre esquina a San Ignacio. Los trabajos de investigación arqueológica estuvieron a cargo de Karen Mahé Lugo Romera.

En este caso se utilizaron métodos de prospección geofísica. La primera técnica utilizada fue la microgravimetría, que empleó el gradiente de torres a un metro por encima de la superficie del terreno. La función de ésta consistía en detectar diferencias de las densidades en los antrosoles. El otro método de prospección utilizado fue la geoelectricidad, para detectar los diferentes niveles de resistividad que ofrecen los materiales al paso de la corriente eléctrica. También se utilizó un metro de separación entre los electrodos, siguiendo las mismas coordenadas que se trabajaron en la microgravimetría. (Lugo y Menéndez; 2003:90).

Las técnicas de prospección utilizadas fueron eficientes en la detección de los enterramientos, los cuales constituyeron el objetivo fundamental de los trabajos de campo aquí realizados.

Como estrategia de excavación se seccionó toda la nave de la iglesia en cuadrantes (Fig. 17). El procedimiento estratigráfico seleccionado fue el "natural", siguiendo los estratos en toda su extensión hasta agotarlos. Para el registro de datos se utilizó la misma planilla que en los dos casos anteriores (Fig. 11).

Las evidencias se clasificaron en restos orgánicos o medio-ambientales no artefactuales, los artefactos y las estructuras, teniendo en cuenta lo planteado por Colin Renfrew y Paul Bahn, en 1993. En los primeros, se ubicaron los restos de animales y del propio hombre, en los segundos todos los objetos utilizados, modificados o hechos por este y en la última conceptualización las seis líneas de enterramiento que corrían a todo lo largo de la nave.

Se determinaron dentro del contexto tres tipos de enterramientos, teniendo en cuenta las características deposicionales de los cuerpos encontrados (Fig. 18). Estos son: Enterramientos primarios, enterramientos secundarios y enterramientos primarios modificados. Según la clasificación utilizada por las autoras, los últimos son aquellos parcialmente transformados o que poseen algunas de las partes de su cuerpo ligeramente desplazadas dentro del mismo contexto donde fue enterrado al fallecer.

Los datos extraídos del yacimiento se relacionaron con la documentación histórica para darle una explicación coherente al contexto, sugiriéndose cómo los primeros espacios sepulcrales fueron modificados para resolver los problemas emanados por la sobresaturación de enterramientos debido a los brotes epidémicos y el crecimiento poblacional. Los hacinamientos en los lugares sepulcrales ya habían sido señalados por Tomás Romay en 1805. Los datos arqueológicos corroboran estas ideas.

Para la distribución de los individuos no se tuvieron en cuenta las disposiciones eclesiásticas establecidas por el obispo Diego E. de Compostela en 1695, hecho que evidencia cómo en una sociedad las normas son transgredidas con frecuencia, en dependencia de las circunstancias que rodeen determinados hechos[7]. Queda demostrado de esta forma lo riesgoso de establecer generalizaciones en base a las normas sociales impuestas por una sociedad determinada, cuyos miembros, cada uno desde su individualidad, se sienten facultados de acatar o no.

Fig. 17 (izquierda). Plano de la nave de la iglesia de San Francisco de Paula, donde se aprecia la red de cuadrículas trazada con el objetivo de llevar a cabo la excavación en el interior del recinto. Tomado del Archivo de Investigaciones del Gabinete de Arqueología. Fig. 18 (derecha). Ejemplo de las fosas de enterramiento halladas en este sitio. Tomado del Archivo de Investigaciones del Gabinete de Arqueología

En el año 1997 se emprendió la excavación de un inmueble situado en la calle Habana, señalado con el N° 958. Para este trabajo se procedió a establecer una red de coordenadas finitas en el fondo de la casa dentro de las habitaciones situadas en la última crujía, espacio destinado antiguamente al área de servicio doméstico. El procedimiento elegido fue la estratigrafía natural y el registro de datos utilizado fue el ya tradicional para este equipo (Fig. 11). Se anotaron los cambios físicos de

[7] Los resultados de esta excavación fueron tomados del libro: *Barrio de Campeche: tres estudios arqueológicos*, de las autoras; Karen Mahé Lugo Romera y Sonia Menéndez Castro. (p. 90-139). Ver bibliografía para datos editoriales.

los estratos en cuanto a color, densidad, granulometría y dispersión. Los estratos naturales se dividieron en niveles de 0.20 m para facilitar el registro de las evidencias artefactuales.

Fueron realizadas calas exploratorias en los muros para observar el comportamiento estratigráfico, observándose la roca estructural a los 0.10 m del nivel cero. También se procedió a la ejecución de calas parietales en los muros, las cuales permitieron como en los casos anteriores, el estudio de la tipología constructiva del inmueble, por supuesto, con las limitaciones propias de este método que no permitía observar el muro en su totalidad.

Se tuvieron en cuenta aquí las propuestas de M. Schiffer sobre las clasificaciones de los contextos en: De facto, primarios y secundarios. Teniendo en cuenta esto, se detectó la temprana deposición del cuarto estrato, el cual forma parte del momento de utilización del mismo como colector de desechos del inmueble en estudio. (Fig. 20). Cuando el espacio cayó en desuso, su contenido fue extraído. Se pudo establecer incluso el lugar donde se supone se ubicaran los operarios para realizar esta labor: Desde A, B-12 (Ubicándonos en el sistema de coordenadas). (Fig. 19). Esto se infirió por las siguientes razones:

- La primera responde a un reacomodamiento espacial, debido a que esta habitación presenta mayores dimensiones por lo que resulta más fácil llevar a cabo la operación.
- El hecho de que se haya encontrado en el espacio que comprende las unidades A, B-12 y 13 la mayor concentración de materiales característicos de una letrina (restos de carbón muy mezclados con el relleno, restos de animales con huellas de serviciado, conjunto cerámico en buen estado de conservación, frascos de vidrio, y semillas) evidencia el carácter primario de este estrato.
- Reutilización de la letrina deducida por los pocos restos de este estrato primario que quedaron al ser vaciada. Esto sucedía por varias razones, una de ellas podría ser las pequeñas dimensiones del colector, además de las precauciones sanitarias.
- Los residuos datados en la segunda mitad del siglo XVIII hasta fines del siglo XIX se pudieron relacionar con los datos históricos de la casa a partir de los cuales se conoce quienes habitaban el inmueble para esa etapa.
- Muchos de estos materiales, se infiere, sean anteriores a 1865. Las autoras consideraron que de haberse producido el vaciado del colector a inicios del XIX, no hubiesen sobrevivido a las limpiezas que se le realizaron a lo largo del siglo.
- En contradicción a todo lo esperado, las vajillas exhumadas correspondieron a artefactos de buena factura, casi siempre encontrados en los residuarios de las casas señoriales habaneras. Este análisis de los hechos arqueológicos vuelve a evidenciar el cuidado que se ha de tener a la hora de hacer generalizaciones en los aspectos que tienen que ver con las estructuras de pensamiento del individuo y su relación con la sociedad.

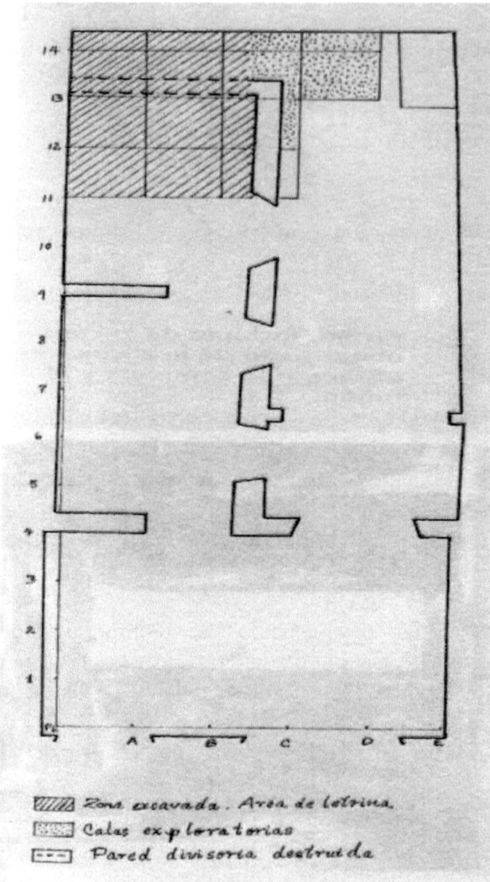

Fig. 19. Plano donde es representada la red de coordenadas trazada con el objetivo de excavar en las antiguas zonas de servicio de la casa sita en la calle Habana # 958. Tomado del Archivo de Investigaciones del Gabinete de Arqueología

Para este caso las autoras llegaron a establecer un cuestionamiento sobre aquellos aspectos que se desprenden ante esta evidencia. ¿Hasta qué punto esta zona poblada por artesanos, albañiles y practicantes de diversos oficios en general, se mantuvo relegada social y culturalmente? Para esto discurrieron dos hipótesis como posibles respuestas:

- Obtención de este tipo de artefactos a través del comercio de contrabando, este medio es frecuentemente utilizado en las sociedades como vía para evadir las restricciones comerciales impuestas.
- En algún momento pudo haber sucedido que estos artículos se cotizaran a bajos precios por lo que estas familias consiguieron adquirirlos.

En este caso pueden sugerirse disímiles hipótesis pero como sabemos es muy riesgoso en nuestra ciencia asumir cualquiera de estos puntos de vista como definitivo debido al riesgo que se corre de entrar en terrenos especulativos.

Fig. 20. Imagen del proceso de excavación de la letrina en dicho sitio. Se pueden observar las vigas y algunos de los materiales encontrados en este colector. Tomado del Archivo de Investigaciones del Gabinete de Arqueología

- Se determinó cómo a finales del siglo XIX y principios del XX, la casa sufrió una transformación que afectó su distribución espacial.
- Después de 1899 (saneamiento realizado por la intervención norteamericana), los colectores cayeron en desuso y se rellenaron con tierra tomada de algún basural, volviendo a utilizarse las vigas que sostenían el techo de esta letrina.[8]

Los datos históricos de principios del siglo XX permitieron determinar la distribución espacial de esta vivienda para 1928. Se estableció también, a través de métodos arqueológicos de observación, la presencia de una pared divisoria elaborada en ladrillos, la cual dividió una habitación en dos. Este hecho se presume anterior a este último fechado. La cocina también sufrió remodelaciones, al investigar el fogón, se comprobó que los ladrillos utilizados para su remodelación corresponden a la marca Vento-Capdevila (al igual que los de la pared divisoria), además de una estrecha similitud detectada en la argamasa utilizada, lo cual evidencia un posible paralelismo temporal deducido este a través del método comparativo.

En general en este sitio se realizaron inferencias de nivel medio que alcanzan dar una explicación particularizada sobre el proceso de formación de este yacimiento, utilizando para ello metodologías de campo y de nivel teórico que determinaron la interpretación de los datos.

Hasta ese momento de desarrollo metodológico en el Gabinete se puede realizar un cierre de los resultados obtenidos:

- En los primeros años, en las excavaciones realizadas prevalecieron los procedimientos arbitrarios, sin embargo, algunos arqueólogos, como es el caso de Roger Arrazcaeta, siempre tuvieron preferencia por la aplicación de los procedimientos estratigráficos llamados *naturales* en sus intervenciones.
- Los primeros contactos establecidos con bibliografía de avanzada en nuestra ciencia, propiciaron un vertiginoso despegue en el pensamiento arqueológico del equipo de trabajo del Gabinete, el cual se había enriquecido a partir de diciembre de 1994 con los jóvenes egresados de la escuela Taller de la Oficina del Historiador de la Ciudad de La Habana. La aplicación de conceptos renovadores que apuntaban una nueva forma de enfrentar los estudios arqueológicos reportó un cambio en la forma de explicar los hallazgos encontrados.

Entre esta bibliografía se pueden destacar:

- La obra de Lewis Binford, de 1988: *En busca del pasado*, la cual enuncia los presupuestos del procesualismo, algunos de estos fueron analizados en el capítulo 1.
- De Stanley South: *Método y Teoría en Arqueología Histórica,* editada en 1977.

---

[8] Los resultados de esta excavación fueron extraídos del libro: *Barrio de Campeche: tres estudios arqueológicos*, de: Karen Mahé Lugo Romera y Sonia Menéndez Castro; p: 53-80. Ver bibliografía para datos editoriales.

- Libros claves para la clasificación de artefactos, como: *Evidencias arqueológicas de la importación de cerámica en México, en base a los materiales del ex convento de San Gerónimo.*
- Ivor Noel Hume: *Guide of Artefacts of colonial America*; 1977.
- Kathleen Deagan: *Artefactos de sitios coloniales hispánicos de la Florida y del Caribe; 1500-1800*; 1987.
- Michael Schiffer: *Behavioral Archaeology*, del año1976. La obra de este autor jugó un papel relevante en la identificación de los diferentes contextos, así como en la relación de estos con los artefactos en ellos contenidos.
- Colin Renfrew y Paul Bahn: *Arqueología, teoría, Métodos y Prácticas*; editado en 1994: Constituyó una guía teórica-metodológica donde se resume lo mejor del pensamiento arqueológico en los últimos años, dejando espacio también para la historia de la ciencia.

Ya en Cuba se conocía la obra de los arqueólogos sociales latinoamericanos, las cuales han tenido gran repercusión en el desarrollo de nuestro pensamiento arqueológico. De esta etapa se pueden destacar las de Iraida Vargas, Mario Sanoja, Luis Guillermo Lumbreras y, posteriormente; Luis Felipe Bate y Manuel Gándara.

En el artículo de Carlos Alberto H. y Lisette Roura se hace mención a los aspectos en que estos influyeron y cómo son observables en los resultados de las investigaciones realizadas.

Se comenzaron a ejecutar explicaciones más abarcadoras que, como ya he expuesto, correlacionaron los datos del registro arqueológico con la información histórica; se aplicaron métodos comparativos, se realizaron estudios multidisciplinarios y de análisis de las evidencias que van desde los estudios tipológicos hasta la explicación de cómo acaecieron los procesos deposicionales.

A fines de la década de los 90, ya existían condiciones suficientes para establecer una serie de regularidades concluidas a partir del estudio de numerosos contextos habaneros, las cuales aportaban una serie de datos al establecimiento de hipótesis ya manejadas, a la vez que abrieron caminos a otro grupo de ellas.

En una segunda etapa de desarrollo teórico-metodológico, pueden situarse los trabajos realizados en la Casa del Marqués de Prado Ameno, situada en la calle O´Relly N° 253, intervenida arqueológicamente en 1997, a cargo de Roger Arrazcaeta Delgado y un equipo de arqueólogos, y el inmueble No 55 de la calle Obrapía, actual Hostal "El Comendador", excavada en 1998, dirigida por Carlos A. Hernández y Lisette Roura Álvarez.

En el primero de estos dos inmuebles se realizaron prospecciones geofísicas en la planta baja y algunos cateos arqueológicos, los cuales advirtieron la existencia de un aljibe en el patio, además de un pozo ya confirmado en el traspatio.

De la investigación arqueológica en este sitio se han realizado tres informes preliminares que han recogido los datos más relevantes sobre el estudio realizado. El primero de ellos: *"Informe arqueológico preliminar: Casa marqués de Prado-Ameno"*, contiene los resultados parciales de lo que se denominó excavación N° 1.

PLANILLA DE REGISTRO DE EVIDENCIAS
GABINETE DE ARQUEOLOGIA.

Nombre del Sitio: Marqués de Prado Ameno
Ubicación: O'Reilly #253
Unidad (Denominación): [illegible] Dimensiones:
Sección: Dimensiones:

Estrato No: 12 Tipo de Estratigrafía: Natural
Alto: Largo: Ancho:
Descripción del Estrato: [illegible]

Relaciones Estratigráficas.
Encima de: Debajo de:
Corta: 1, 2, 3, 4, 5, 6, 9, 11 Cortada por:
Rellena: Rellenado por:
Contra: Al lado de:
Igual a: Indeterminado:

Cerámica.
Cerámica Ordinaria s/v ___ Mayólica: ___ Loza: ___ Porcelana: ___
Cerámica Ordinaria c/v ___ Cerámica de Piedra: ___

Vidrio.
Botella: ___ Frasco: ___ Vaso: ___
Copa: ___ Cuenta: ___ Vidrio Plano: ___

Metales.
Hierro: ___ Bronce: ___ Cobre: ___ Plata: ___
Alpaca: ___ Plomo: ___ Peltre: ___ Oro: ___

Huesos.
Animal: ___ Humano: ___

Otros.
Madera: ___ Carbón de leña: ___ Pólen: ___ Cáscara Vegetal: ___
Semilla: ___ Concha: ___ Piel: ___ Cáscara de huevo: ___

Restos Arquitectónicos.
Ladrillos: ___ Tejas: ___ Cimientos: ___ Azulejos: ___
Otros:

Cajas o bolsas desde el No: ___ Hasta el No: ___
Empezadas en: ___ Terminadas en: ___

Interpretación: [illegible]

Excavada por: Registrado por: [illegible]
Fecha: [illegible] Supervisor:

Fig. 21. Planilla de registro utilizada en la excavación de la casa sita en O'Reilly # 253 (Casa del Marqués de Prado Ameno). Tomado del Archivo de Investigaciones del Gabinete de Arqueología

Aquí como estrategia se estableció un área abierta conformada por cuadrículas de 1m^2 cada una. Se determinaron 39 estratos de origen antrópico, los cuales documentaron casi 300 años de historia en este sitio urbano, mostrando los diferentes períodos constructivos. Para el registro de evidencias se utilizó un tipo específico de planilla (Fig. 21), en estas se registraron las mismas relaciones estratigráficas que en el caso de la casa Pedroso. Véase, sin embargo, como continúa prevaleciendo el concepto de estratigrafía *natural.* El concepto de capa arqueológica o Interfaz utilizado en este informe engloba tanto a las estructuras horizontales como las verticales.

Se determinaron cuatro períodos de desarrollo para este inmueble:

- En el primer período (siglo XVIII; niveles 39 al 32), se detectaron excavaciones para la extracción de tierra con fines de uso en obras constructivas, Ej.: Levantamiento de muros de Mampostería o de tapial, tierra para nivelaciones, entre otros. Incluye rellenos de estas excavaciones con basura doméstica (tierra gris con carbón vegetal, restos de artefactos y huesos de animales comestibles, etc.). En esta etapa por el análisis de las interfacies se detectó la existencia de una estructura constructiva anterior, la cual aporta información sobre los modos de construcción del pasado.
- En el segundo período (U.E. 21 al 15), se detectaron muros de mampostería ordinaria, canales hidráulicos, tuberías de hierro y artefactos asociados a rellenos y contenidos en el interior de los canales. Aquí se incluyeron rasgos culturales conformadores de algunos elementos constructivos adicionados al inmueble en el siglo XIX para ampliarlo. Se detecta el aumento de tamaño de la vivienda con la ejecución del traspatio. Son apreciables en general remodelaciones arquitectónicas y cambios funcionales presentes en diferentes sectores.
- Tercer y cuarto período: Constantes intervenciones antrópicas en el siglo XX, produciéndose la pérdida de valores arquitectónicos patrimoniales debido a los cambios funcionales y el aumento del número de inquilinos en la vivienda, entre otros.

Se efectuaron varias excavaciones en el área del traspatio, con igual estrategia y procedimientos estratigráficos. Aquí fue intervenido un pozo, que estaba completamente rellenado de tierra (Figs. 22 y 23).

En la excavación No 4 se intervino un área de servicio que ocupaba, como era común, el fondo de la casa (Fig. 22). Se utilizó el sistema de cuadrículas para delimitar toda el área a excavar. Los procedimientos fueron los estratigráficos. Se realizó un registro minucioso de todo lo encontrado.

En cuanto al estudio arquitectónico de la casa, se encontró una tasación de 1864, la cual fue de gran utilidad a la hora de establecer el uso o función que tuvieron los espacios en esta casa. Se contrarrestaron los datos extraídos de fuentes arqueológicas y arquitectónicas con los documentales.

En este caso se realizaron investigaciones sobre la pintura mural, la carpintería del inmueble, losas y herrería. Se hicieron calas investigativas para el estudio de dicha carpintería, con el objetivo de determinar la paleta de colores, permitiendo esto la posibilidad de conocer diferentes etapas de intervención de la casa, se determina como más antigua la capa azul (Figs. 24, 25, 26).

Se pudo concluir también una diversidad tipológica en las puertas y ventanas atendiendo a la antigüedad del lugar y las distintas utilidades que se le confirieron a los espacios (Fig. 27).

En la planta baja se encontró que la puerta principal fue sustituida por otra de carpintería francesa. Se piensa, por la datación de la casa, que la que allí se encontraba originalmente era de tablero español, claveteada y con postigos, lo cual se determinó teniendo en cuenta la costumbre que existía por aquellos años de no abrir los grandes portones, a menos que fuera una celebración especial, o para dejar paso a los carruajes (Inferencia de alcance medio realizada por los autores).

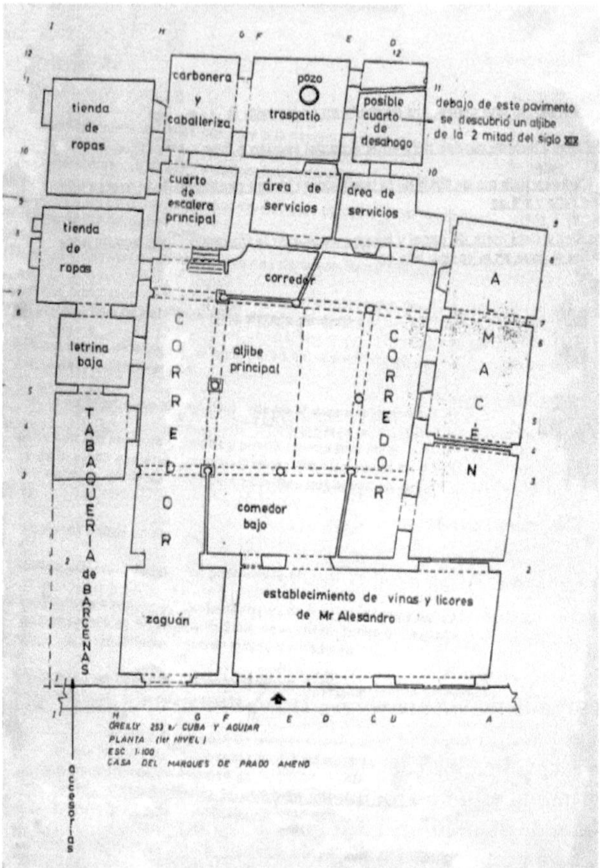

Fig. 22. Plano de la planta baja de dicho inmueble, donde se puede observar el área de traspatio, el aljibe principal de la casa y las áreas de servicio. Tomado del Archivo de Investigaciones del Gabinete de Arqueología

En la parte superior del edificio se encontraron mayor cantidad de puertas y ventanas, las cuales en su mayoría se confeccionaron a la española, son de paineles (estilo que evoluciona a partir de la puerta de cuarterones). Sin embargo, se precisó que en el tercer nivel, consistente en habitaciones pequeñas (servidumbre), las puertas son de menor tamaño, todas de tablero español, sencillas, solo una decorada con incisos sobre la madera.[9]

[9] Todos los resultados extraídos de la excavación de este sitio se tomaron de tres informes preliminares de La casa de los Marqueses de Prado Ameno, elaborados por: R Arrazcaeta Delgado, Rolando

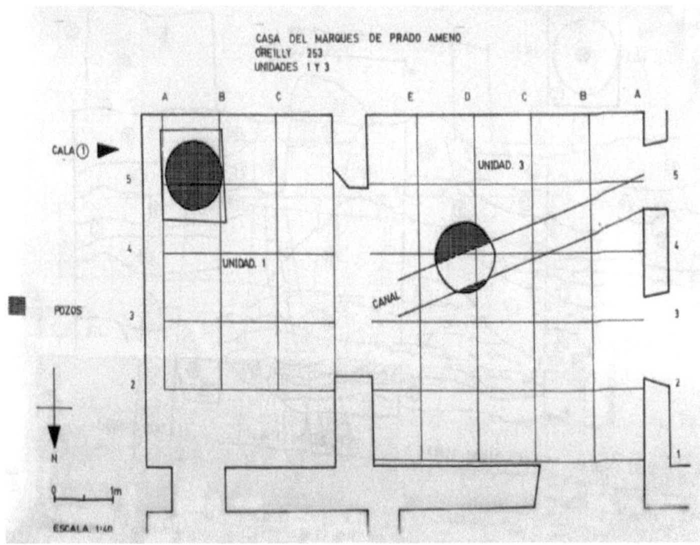

Fig. 23. Plano de la red de cuadrículas establecida en el traspatio de esta vivienda; área a intervenir arqueológicamente. Tomado del Archivo de Investigaciones del Gabinete de Arqueología

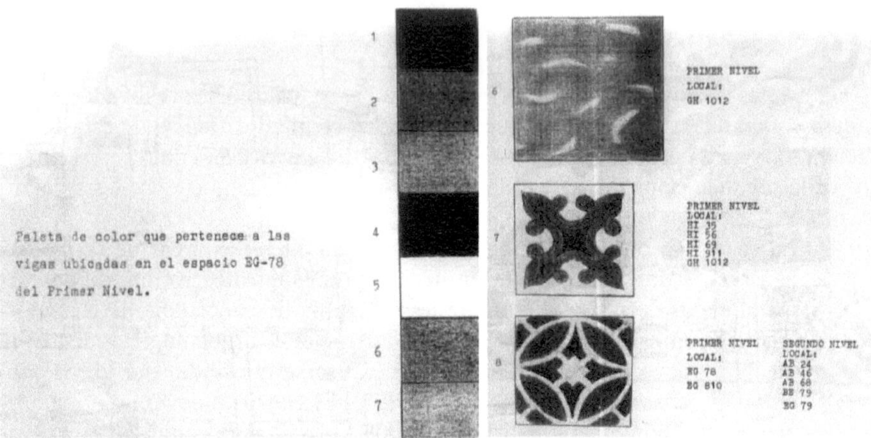

Fig. 24 (izquierda). Paleta de colores correspondiente a la carpintería hallada en esta vivienda. Fig. 25 (derecha). Dibujo de las losas de pisos encontradas en los pisos de esta casa. Tomadas del Archivo de Investigaciones del Gabinete de Arqueología

Crespo, Adrián Labrada, Elizabeth Romillo, Alan Luis y Jorge Brito. Inéditos. En el archivo del Gabinete de Arqueología de la Oficina del Historiador de la Ciudad de La Habana.

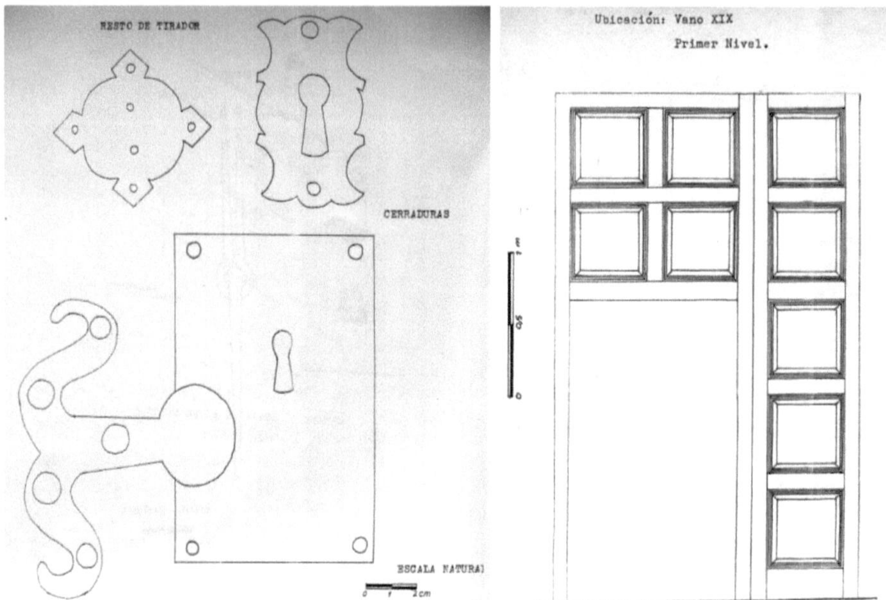

Fig. 26 (izquierda). Dibujos de los elementos metálicos hallados en la carpintería original de dicha casa. Fig. 27 (derecha). Dibujo de una de las puertas halladas en la planta baja de la misma casa. Tomado del Archivo de Investigaciones del Gabinete de Arqueología

A pesar de que los tres informes derivados de los trabajos realizados en esta casa son parciales y el trabajo que aglutina los resultados finales de ésta se encuentra todavía en proceso de elaboración, estos se seleccionan como representativos de la segunda etapa de desarrollo metodológico en el Gabinete por las siguientes razones:

- La casa tuvo oportunidad de ser intervenida en varias áreas de forma exhaustiva. Para su estudio se utilizaron procedimientos estratigráficos arqueológicos derivados de un proceso de toma de conciencia de la importancia de la estratigrafía para las investigaciones arqueológicas. Esto fue posible gracias a que comienza a generalizarse el estudio del libro *Principios de estratigrafía arqueológica* de E. C. Harris; todavía no a un suficiente nivel como para realizar una matriz, pero sí para comenzar a excavar cada uno de los estratos siguiendo su línea deposicional, determinando las relaciones entre ellos, y valorando la importancia de las interfacies en la interpretación de las acciones que dieron lugar a su presencia en el yacimiento. Se realizaron algunas plantas compuestas donde son apreciables las relaciones horizontales establecidas en la estratificación del sitio.
- Se realizó en este sitio un estudio interdisciplinario, donde se mezclaron los diferentes especialistas del Gabinete, como ya mencioné, se trabajó la pintura mural, la carpintería, etc. Los datos históricos permitieron relacio-

nar lo observado en situ con los resultados extraídos de la investigación documental para establecer las distintas funciones de los espacios, además de su configuración original.

Para emprender la excavación de Obrapía N° 55 se decidió excavar siguiendo procedimientos "naturales", teniendo como objetivo aplicar los principios harrisianos al estudio estratigráfico. Se eligió como área de excavación un espacio ubicado en el fondo de la casa en el lugar donde se suponía estuviera ubicada el área de servicio del inmueble. La estrategia utilizada se centró en un sistema de coordenadas finitas para cuadricular toda el área. Los datos extraídos se recogieron en la planilla tradicional (Fig. 11). Cuando estaba casi finalizada la excavación de este inmueble, se produce el primer encuentro en Cuba con E. C. Harris, lo que propició discutir con él, *in situ*, las relaciones contextuales encontradas. Así comenzó el proceso de aprehensión definitiva de la metodología (Fig. 28).

Fig. 28. Edward Cecil Harris, analizando las relaciones estratigráficas en la excavación de la Casa sita en Obrapía # 55 (Casa del Comendador). Tomado del Archivo de Investigaciones del Gabinete de Arqueología

Se realizaron calas parietales para la búsqueda de elementos arquitectónicos puntuales para de este modo responder a las inquietudes del arquitecto restaurador. El uso de esta metodología sirvió en la determinación de la estructura originaria del inmueble, determinando cómo esta evolucionó en el tiempo de acuerdo a la readecuación espacial.

Al intervenir la letrina se determinó que esta se había estado utilizando hasta fines del siglo XIX, razón por la cual se dedujo que su contexto no estuviera tan alterado como el resto del sitio. El momento en que se rellena la letrina parece ser aprovechado para realizar tres enterramientos de neonatos encontrados en esta área (Fig. 29).

Fig. 29. Enterramientos encontrados en la letrina de la Casa del Comendador. Archivo de Investigaciones del Gabinete de Arqueología

A partir del estudio del sitio, donde se encontró el colector sanitario, se pudieron diferenciar cinco momentos cronológicos derivados de las transformaciones ocurridas, que abarcan desde fines del siglo XVI y principios del XVII hasta el último cuarto del siglo XIX, determinados por los contextos primarios y secundarios.

1er momento: Fondo del pozo hallado en el área de letrina donde se encuentran tres piezas de factura aborigen, lo cual apoya la hipótesis de supervivencia aborigen en la Habana durante los siglos XVI y XVII.

2do momento: Rellenos primarios encontrados dentro de la letrina que abarcan un segundo momento, número menor de evidencias, las cuales se ubicaron en el último cuarto del siglo XIX. Se infirió que la estructura debió estar funcionando por ello ininterrumpidamente desde la construcción de la casa a fines del siglo XVIII.

3er y 4to momento: La letrina cae en desuso, los rellenos se vierten con dos capas de cal intermedias, la autora dedujo la probable extracción de estos de diversos basureros. Los estratos clasificados como secundarios presentaban un excelente estado de conservación de sus materiales extraídos, por ejemplo, a los frascos de farmacia exhumados se les pudo realizar un estudio histórico que aportó valiosos resultados.

El buen estado de conservación de los frascos puede supeditarse a su probable extracción de un contexto primario, sin más movimiento que el propio de la transportación, por lo cual no sufrieron mucho los traumas que se producen cuando el acarreo es violento. (Inferencia realizada por la autora).

Se infiere también que ese mismo momento fue aprovechado para realizar los enterramientos primarios cuyo significado se concluye haya sido ritual, debido a la disposición de los elementos asociados a estos.

5to momento: Alteración de toda el área cuando se implanta una canal de ladrillos y losas, abarcando gran parte de la habitación. Última de las transformaciones enmarcadas en el primer cuarto del siglo XIX[10].

A pesar de que en este caso todavía no estábamos en condiciones para realizar el diagrama Harrisiano, constituye un ejemplo relevante en cuanto a interpretación de la estratificación, teniendo en cuenta las relaciones estratigráficas que Harris propone (Fig. 30), lo cual permitió un análisis explicativo de los procesos acaecidos en el yacimiento de una manera más abarcadora, imbricando todos los datos en función de esta explicación. Esto se puede apreciar en la interpretación realizada de la relación existente entre los enterramientos de los neonatos y los contextos letrinosos. En este caso se le brinda igual atención a los datos antropológicos, deducidos a través del estudio de los restos, como al momento en que fueron depositados en la letrina para efectuar los enterramientos, inferido a partir del estudio de los contextos.

Fig. 30. Corte realizado para la implantación de una canal, con posterioridad a la construcción de la casa y a la deposición de sus estratos originales. Archivo de Investigaciones del Gabinete de Arqueología

[10] Los resultados de este estudio fueron extraídos del informe inédito: Excavaciones arqueológicas realizadas en Obra Pía 55. Archivo de investigaciones del Gabinete de Arqueología de la Oficina del Historiador de la Ciudad de La Habana. 2003.

En el año 2000 se procede a la excavación de la casa Muralla 103-105, localizada entre las calles San Ignacio y Mercaderes, al frente de esta estuvo la arqueóloga Karen Mahé Lugo Romera. Aquí se excavaron dos habitaciones, una de ellas con numerosas transformaciones espaciales modernas (Fig. 31). La otra el área que usualmente ocupa la letrina (excavación 2) en esta estancia, se tendió una red de coordenadas finitas como estrategia a seguir y los procedimientos que se utilizaron fueron, como en estos casos anteriores, los estratigráficos, llamados "naturales". La misma planilla que en los restantes casos fue el diseño escogido para el registro de datos (Figs. 11 y 32).

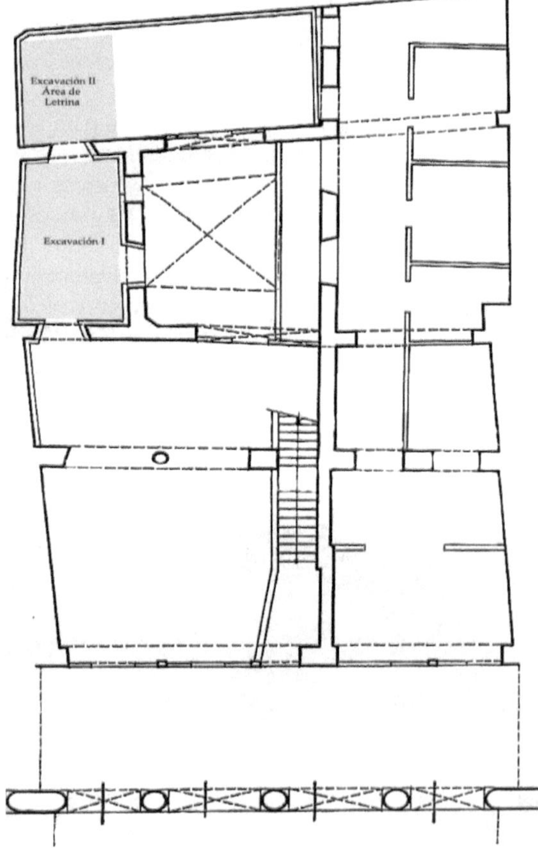

Fig. 31. Plano de la casa sita en la calle Muralla # 103-105, que muestra las zonas intervenidas arqueológicamente. Archivo de Investigaciones del Gabinete de Arqueología

Al excavar la letrina se estableció una propuesta interpretativa concluida al contrastar los datos arqueológicos con los derivados de las fuentes históricas. Se realizaron dibujos de plantas compuestas, a cada uno de los estratos, donde se pueden observar las relaciones estratigráficas que se producen entre ellos (Fig. 33).

Fig. 32. Imagen del proceso de excavación de la letrina encontrada en dicho inmueble, donde se observan varios elementos representativos de diversos momentos evolutivos de este contexto. Archivo de Investigaciones del Gabinete de Arqueología

Se delimitaron rellenos modernos, probablemente procedentes del período en que la casa se convirtió en vivienda múltiple para el uso de diferentes familias.

Por datos históricos se conoció que la casa de mampostería que ha llegado hasta nuestros días se erigió en el siglo XIX, período al que precisamente, pertenecen la mayoría de las evidencias artefactuales, exceptuando tres pequeños fragmentos de mayólicas al centro de los niveles más tardíos. Se asociaron tres estratos bien diferenciados como desperdicios originales del sitio, vertidos por los habitantes de la casa. Es muy probable que por sus características, procedieran de los establecimientos comerciales contenidos en el interior del inmueble. A ello se suma el excelente estado de conservación de los frascos de vidrio que aparecen en la mayoría de los rellenos. Los restos de los múltiples materiales encontrados responden a las particularidades que presentaban los centros comerciales de la casa, como por ejemplo restos de botones, frascos de perfumería, fragmentos de lápices y grafitos, botellas de vino, etc.

La autora dedujo que, pese a las restricciones sanitarias de fines del siglo XIX, puede tomarse en consideración la posibilidad de que la letrina haya alcanzado el siglo XX cumpliendo sus funciones originarias debido a la cantidad de desechos de todo el siglo XIX que fueron encontrados en su contenido.

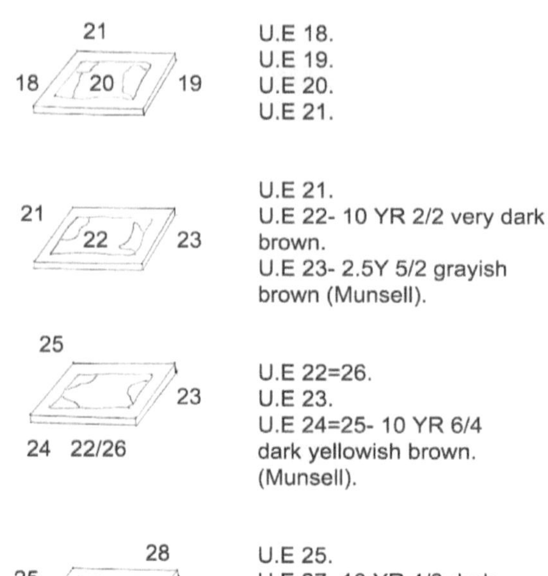

Fig. 33. Imagen que muestra los dibujos de las plantas compuestas realizadas a cada estrato. Archivo de Investigaciones del Gabinete de Arqueología

En este trabajo se realizó un estudio de la calle muralla como sede de múltiples establecimientos comerciales, cerrando así estrechos lazos entre esta casa y la red de comercios que caracterizaba a esta calle.[11]

Como hemos visto a pesar de que este trabajo se ubica dentro de una etapa donde los principios de Harris ya afloraban de algún modo en las excavaciones analizadas, los autores de este trabajo no asumen esta metodología como herramental investigativo. No obstante, al seguir los procedimientos considerados por ellos como “naturales”, tuvieron en cuenta algunos de estos principios, implementando también técnicas de representación por él propuestas, como el dibujo en plantas simples y compuestas de los estratos identificados.

Ya traté en el capítulo introductorio que E. C. Harris realiza su primera visita a Cuba específicamente a impartir un curso sobre sus principios de estratigrafía arqueológica, en el año 1999. Este adiestramiento sirvió para la mayor compresión de su método y constituyó el primer paso importante para su instauración como metodología general de trabajo dentro de nuestra institución. A partir de este momento, cuando nos referimos a procedimientos de excavación, no se hace más refe-

[11] Los resultados de esta excavación fueron extraídos del informe: “Tras los vestigios comerciales de la calle Muralla”, de: Karen Mahé Lugo Romera, Sonia Menéndez Castro, Beatriz Rodríguez Basulto y Lisette Roura Álvarez.

rencia a la sedimentación natural del terreno, se comienza a tomar conciencia plena del carácter arqueológico de la estratificación estudiada por nuestra ciencia, la cual no tiene nada que ver, directamente, con la sedimentación de deposición original del subsuelo, sino que constituye un producto eminentemente humano.

Las estrategias de excavación comienzan a cambiar, prefiriéndose el área abierta, por las facilidades que brinda para el mejor seguimiento de la estratigrafía arqueológica. Así queda totalmente eliminada la posibilidad de efectuar cortes estratigráficos nuevos, los cuales traerían pérdida de información. Si cortamos los estratos creamos una nueva estratificación que cambiaría la lectura del yacimiento.

En sus inicios Harris concibe sus principios como una adaptación de las leyes geológicas a los contextos arqueológicos, incluyendo un cuarto axioma que es la ley de la sucesión estratigráfica. Refiriéndose solamente a la ley de superposición, ley de la horizontalidad y la ley de continuidad original. Como ya traté en el capítulo 2, estas son de carácter universal y se comportan de igual manera en todos los depósitos arqueológicos.

Estos principios fueron enriquecidos por especialistas de distintos países europeos; entre los más destacados están Italia y España. En el año 2000, el Gabinete de Arqueología realiza convenios de trabajo con la Cátedra de Arqueología de la Universidad del País Vasco en Vitoria Gastéiz, a través del Catedrático Agustín Azkárate Garai-Olaun.

Dentro de los principios estratigráficos iniciales propuestos por Harris, se añaden una serie de relaciones estratigráficas, las cuales aparecen en el libro: *Historias de la Tierra,* de Andrea Carandini, editado en 1997, donde se establecen:

- Relaciones de igualdad, de unión, de cobertura, de apoyo, de corte, y de relleno.

Estas relaciones se pueden clasificar según el espacio temporal en relaciones de contemporaneidad (R. Parenti; 1988 en Azkárate; 2000: 13) y relaciones de anteroposteridad (Fig. 34).

Dentro de las relaciones de contemporaneidad se encuentran:

- Cubrir, unir e igualdad.

Dentro de las relaciones de anteroposteridad están:

- Apoyar, adosar, cubrir, cortar, rellenar y las relaciones indirectas (cuando no se observa relación aparente).

Estas series de relaciones aprehendidas a partir de los contactos con especialistas del País Vasco fueron las que se establecieron como metodología general de trabajo.

En este mismo año se procedió a la excavación del área exterior (fondo) de la Iglesia de San Francisco de Paula. En esta segunda fase de intervención en esta zona se procedió a implementar la nueva metodología, eligiendo como estrategia excavar el área en su totalidad siguiendo los estratos arqueológicos en toda su extensión sin proporcionarles nuevos cortes a los que fueron realizados en un momento histórico concreto. Los estratos arqueológicos se enumeraron con un orden lógico y a cada uno se le realizó una planilla de registro que, además de contemplar los restos artefactuales contenidos, destacaba las relaciones estratigráficas de cada uno con los demás que lo rodean. A partir de aquí, ésta cartilla de registro se establece como la oficial para la recogida de datos (Fig. 35).

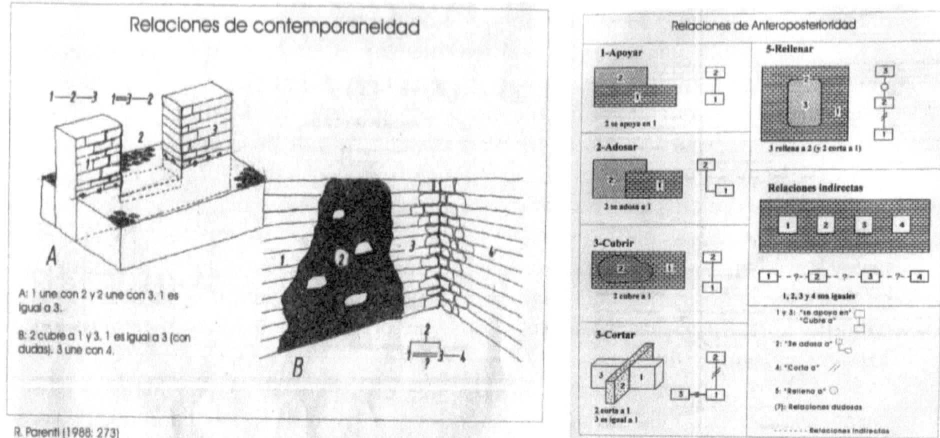

Fig. 34. Relaciones físicas que enriquecen las propuestas de E. C. Harris. Tomado de: La Arqueología de la Arquitectura. Iniciación al estudio y documentación arqueológica de los edificios históricos, 2000:13

Por estratos enumerados independientes, se señalan además de los contextos, las estructuras y las llamadas interfaces. La planilla incluye un dibujo de planta del estrato observado destacándose su relación con los demás del contexto, el diagrama o matriz de Harris, para cada caso particular, la descripción literal del estrato o interfaz, los hallazgos más significativos, el período de datación que se propone y la interpretación in situ de lo observado.

Se realizó el listado estratigráfico del sitio, a partir del cual se deduce la secuencia estratigráfica. Estos datos se reflejan en otra planilla de control, la cual debe llevarse a diario en el sitio. Allí se señala en número de la unidad, el nombre dado a esta, el color del contexto según la tabla Munsell, el número del croquis donde está representada, tipo de estrato (Contexto, estructura o interfaz) y el estado de realización de la planilla individual de cada estrato (si está terminada, o si le falta algún dato por llenar). Cada unidad identificada lleva también su estudio fotográfico, se toman las cotas necesarias y se realizan los dibujos de las plantas simples y compuestas. Se eliminan los dibujos de los perfiles verticales (los cuales se implementan solo en caso extremadamente necesario), se le otorga mayor significación a la observación e interpretación de las plantas horizontales, ya que en su relación es donde se encuentran codificadas las lecturas referentes a la conformación y evolución del contexto en estudio (Fig. 36).

Aunque el informe final que aglutina los resultados interpretativos derivados a partir de la implementación de los principios estratigráficos de la Iglesia de Paula aún no está terminado, su significación radica, hasta este momento, en que

Planilla Nº: 1

Sitio: Iglesia de Paula

Ficha de excavación Nº: 11

Clave del sitio: A-14

Ubicación: Sector I

Espacio:

Zona: Exterior - Sur

Tipo:
Contexto [X]
Interfaz [ ]

Unidad de excavación: — Dimensiones: 21.60 x 12.80

Cuadrícula: — Dimensiones:

Sección: — Dimensiones:

Nombre (definición): Relleno con restos constructivos

1- Compactación
2- Color/textura
3- Composición/tamaño de las partículas (más del 10%)
4- Inclusiones
5- Dimensiones
6- Métodos y circunstancias
7- Otros comentarios

Descripción: Relleno poco compacto, de color 5 YR 6/3 light reddish brown, con textura muy gruesa, debido a la gran cantidad de piedras pequeñas y medianas que tienen entre 2 y 6 cm de largo. El relleno está compuesto por una tierra muy suelta y una gran proporción de pedacería de piedras. Entre las inclusiones aparecen restos de loza fina inglesa y fragm. de vidrios, pedazos de enlucidos hidráulicos de color rosado, restos de tejas, etc.

Ver al dorso

	Cubrir	Rellenar	Adosar	Cortar	Unir
Anterior a					
Contemporáneo a					
Posterior a	12	13, 14, 15, 16.			

Igual a: — Equivalente a:

Diagrama

Datación (periodo propuesto): XX. 1ra mitad — Definitivo:

Hallazgos: loza fina inglesa, clavos de bronce y hierro, vidrio, mayólicas del XVIII, fragm. de tejas acanaladas, pedazos de repello hidráulicos color rosado.

Interpretación: Relleno secundario tipo c, con el que material asociado (cerámica y vidrios) residuales del siglo XIX. Este estrato fue colocado después de amortizarle una tubería de Stone ware del siglo XX.

Dibujo

Eduardo Hernández Dz. 13/11/2000.

Muestra(s):

Referencias (a otras fichas)
Plano(s) Nº: 1
Dibujo(s) Nº:

Registro fotográfico

	Rollo(s)	Fotograma(s)
B/N		
Color		
Diapo		
Digit.	X	
Fotógrafo	Eduardo Hdez	

Fig. 35a. Planilla de registro, correspondiente a la zona exterior sur de la Iglesia de San Francisco de Paula. Archivo de Investigaciones del Gabinete de Arqueología

Nº P.	Nº U.E.	NOMBRE	COLOR	CROQUIS	TIPO	ESTADO
5	1	Pavimento de asfalto	7.5 YR N3 Very Dark Gray.		C	X
7	2	Asientos de Piedra del asfalto			C	
25	3	Relleno blanco compactado			C	
26	4	Relleno rojizo compacto			C	
27	5	Relleno gris carmelita compacto			C	
13	6	Corte		1	I	
28	7	Muro de piedra caliza		1	E	
29	8	Relleno carmelita arenoso			C	
18	9				C	
30	10				I	
1	11	Relleno con restos constructivos	5 YR 6/3 Light.	1	C	
2	12	Relleno	7.5 YR 4/6 Strong Brown.	2	C	
31	13	Muro		1	E	
10	14	Muro		1	E	
32	15	Muro		1	E	
34	16	Muro		1	E	X
4	17	Relleno	7.5 YR 5/3 Brown.	3	C	X
33	18	Muro		1	E	
3	19	Relleno compacto.	7.5 YR 5/4 Strong Brown.	1	C	X
11	20	Relleno.	7.5 YR 5/4 Brown.	4	C	X
5	21	Relleno de tierra carmelitosa.	10 YR 5/3 Yellowish Brown.	1 y 2	C	X
12	22	Relleno de tierra.	10 YR 5/3 Brown.	3	C	X
8	23	Tubería de desagüe.			E	X
9	24	Corte en los muros (U.E. 15 y 16)			E	X
14	25	Relleno carmelita.	5 YR 5/3 Reddish Brown	5	C	X
15	26	Relleno gris oscuro.	10 YR 3/1 Very Dark Gray.	6	C	X
35	27	Interface de destrucción en la U.E. 13.		1	I	X
36	28	Muro.		1	E	X
37	29	Relleno de hormigón que cubre la U.E. 44.	5 Y 6/1 Gray	1	E	X
38	30	Corte para la U.E. 29.			I	X
39	31	Corte de cimentación de la U.E. 13.		2 y 3	I	
20	32	Relleno de cal.			C	
16	33	Relleno carmelita - naranja.	10 YR Brown.	7	C	X

Fig. 35b. Ejemplo del listado de las unidades estratigráficas encontrado en la zona exterior sur de la iglesia de San Francisco de Paula. San Francisco de Paula. Archivo de Investigaciones del Gabinete de Arqueología

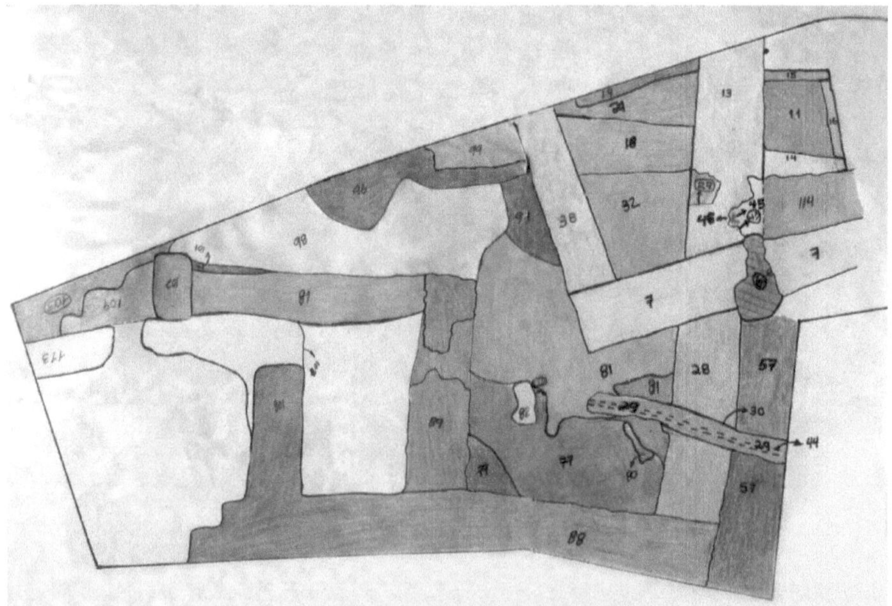

Fig. 36. Planta compuesta, donde se observan las relaciones físicas horizontales, en el exterior sur de la iglesia de San Francisco de Paula. Archivo de Investigaciones del Gabinete de Arqueología

constituyó un ejercicio minucioso en cuanto se cuidó cada detalle a la hora de registrar cada una de las unidades, clasificarlas y relacionarlas tanto con los demás contextos como con los artefactos contenidos. Las relaciones estratigráficas dejaron de observarse estructuralmente, como si constituyeran partes integradoras de una estructura de sostén, aislada del resto del contexto. A partir de aquí comienzan a integrarse estudios contextuales donde las huellas de un corte, un contexto de relleno, un adosamiento de una estructura a otra, etc., constituyen códigos de lectura a través de los cuales se pueden extraer datos claves reveladores de los procesos que determinaron la formación del registro.

Se comenzaron a tener en cuenta, definitivamente, las interfacies o interfaz como elementos animadores de ese acto comunicativo. La interfaz se identifica como una huella que dejó el hombre, "estática" en el tiempo, que actúa como marcador de su interacción sobre la naturaleza. Por tanto la evidencia de un corte, identificado como una interfacie de destrucción es, en un contexto determinado, el símbolo de la acción dinámica del hombre dentro de su contexto histórico.

A esta excavación, realizada en el año 2001, le siguió en orden cronológico la intervención efectuada en la casa de la calle Mercaderes No. 15, actual ampliación del Gabinete de Arqueología, donde hoy se encuentran sus talleres centrales. El informe preliminar se publicó en el Boletín N° 3 de nuestra institución, en el año 2004, bajo el título "Rescate arqueológico en Mercaderes N° 15", a cargo de: Aneli Prado Flores, Roger Arrazcaeta Delgado y Joyce Rossi Álvarez. Esta excavación se clasificó como de rescate, ya que durante la construcción del nuevo edificio, los trabajadores realizaron una zanja detectando la presencia de la huella de un pozo artesanal. A partir de este hallazgo los arqueólogos procedieron a realizar el estudio arqueológico (Prado Flores, *et al.*, 2004:31).

Como en el caso anterior la Metodología de campo fue la misma, los procedimientos estratigráficos arqueológicos marcaron las unidades que fueron apareciendo según la deposición original de los estratos antrópicos. Se estudió a través del registro, en planillas independientes, la constitución de cada estrato, se realizó un dibujo del pozo con cada una de las unidades estratigráficas y las interfacies (señaladas con líneas negras las que representan las caras de los estratos y numeradas las que constituyen interfacies de destrucción) (Fig. 37).

El establecer la secuencia estratigráfica del sitio, representada en el diagrama o matriz -primera publicada- propició diferenciar cinco etapas (Fig. 38).

A diferencia de la metodología anterior utilizada, las etapas derivadas del análisis de la secuencia estratigráfica se pueden determinar con mayor exactitud, identificándose los elementos del pozo que responden a la etapa primigenia de su desarrollo. Así se estableció como muy probable que este se construyera a fines del siglo XVIII, usándose como pozo para colecta de agua en la 1ra mitad del siglo XIX. Como parte de esta primera fase consta el corte antiguo en el terreno de roca sedimentaria y la construcción de sus paredes de sillares en caliza.

En la 2da etapa se establecen relaciones entre siete estratos representativos de la fase en que el pozo cayó en desuso, y se decide emplearlo como basurero doméstico, aquí entran los reductos de la actividad doméstica directa del sitio. Este hecho debe haberse producido como consecuencia de que sus moradores comenzaron a usar tuberías del acueducto Fernando VII. Esto se deduce por inferencia de los autores en comparación con las realizadas para casos similares.

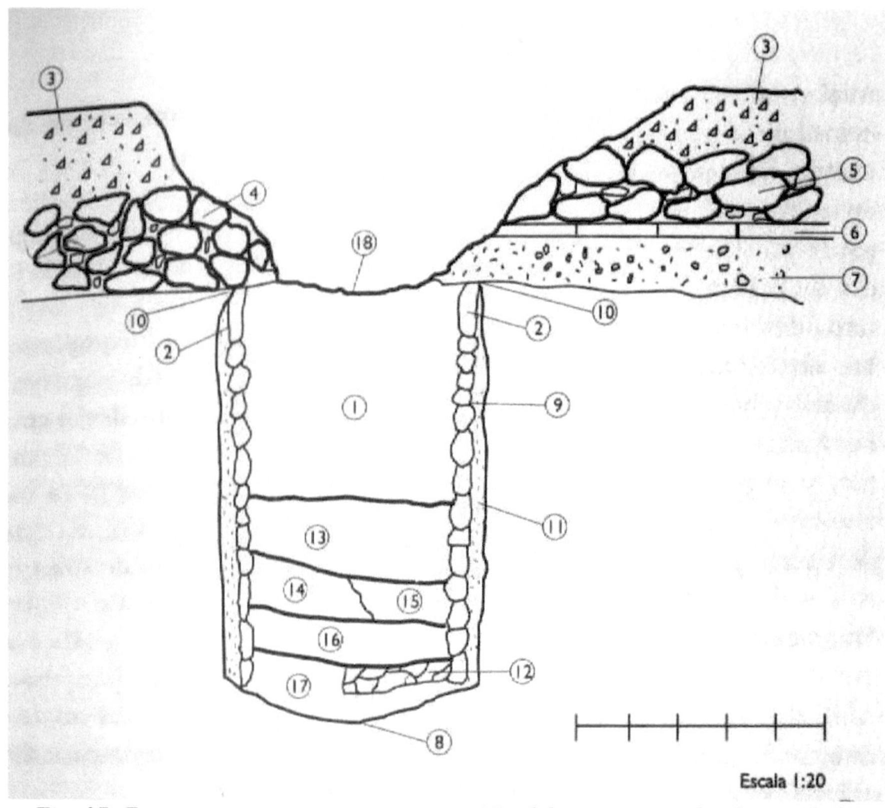

Fig. 37. Esquema que representa una sección del pozo, con todas las unidades estratigráficas señaladas. Archivo de Investigaciones del Gabinete de Arqueología

En la 3ra etapa se interpretó el sellaje del pozo, por concluir sus funciones como basurero doméstico, pavimentándose el terreno por encima de él. Se observó la destrucción del brocal al parecer motivada por una remodelación del edificio, lo cual incluye nivelaciones y colocación de pavimento de baldosa de cerámica roja con un relleno de asiento constituido por las unidades 6 y 7.

En la 4ta etapa se infiere un momento de transformación del inmueble en pleno siglo XX, apoyada esta inferencia en el reconocimiento de una mezcla de cemento Pórtland. En la 5ta etapa se identifica la fase actual donde los constructores abrieron la zanja 18, la cual sacó a la luz el pozo en estudio.[12]

[12]Los resultados de esta excavación fueron extraídos del artículo "Rescate arqueológico en Mercaderes # 15", de Aneli Prado Flores, Joyce Rossi Álvarez y Roger Arrazcaeta Delgado.

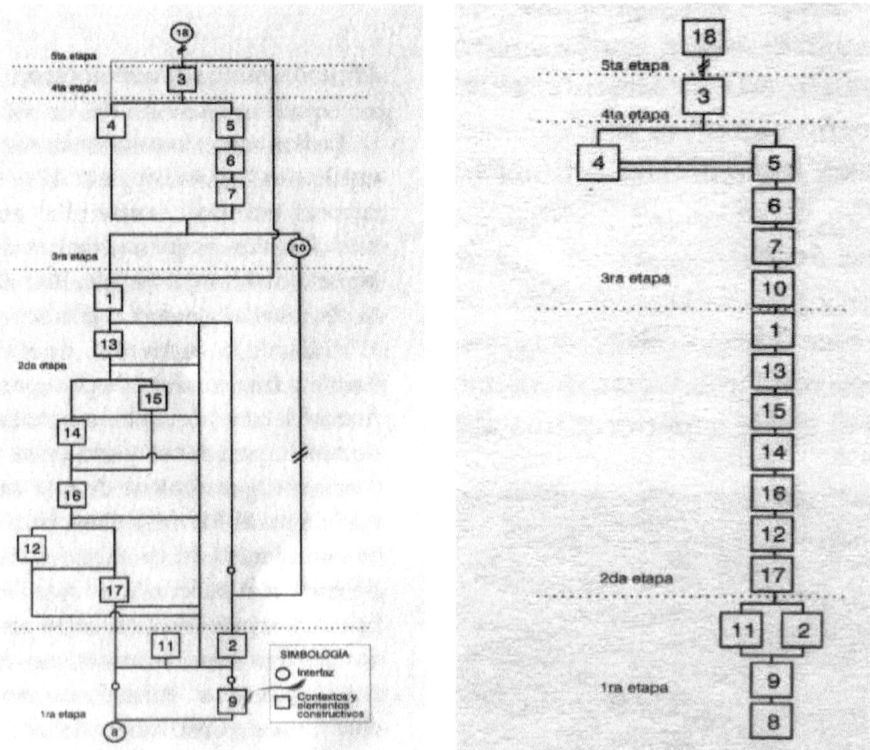

Fig. 38. Matrices del pozo encontrado en Mercaderes # 15: izquierda, representa las relaciones temporales y físicas; derecha, se eliminan las redundancias. Archivo de Investigaciones del Gabinete de Arqueología

Cuando se publicó este trabajo, no había finalizado su investigación histórica archivística, por lo que no se pudo establecer una explicación analítica de los hechos apelando a la relación entre datos documentales y arqueológicos. No obstante constituye un buen ejemplo, en cuanto tipifica esta primera etapa de asimilación y adiestramiento en la nueva metodología. Es apreciable como cambia ahora la forma de acercarse al registro, como a través de este análisis, se produce una secuencia lógica de actividades estratigráficas, las cuales no son más que el reflejo de secuencias de actividades humanas, estas lógicamente, han de interpretarse en su contexto.

Otro ejemplo lo constituye la intervención realizada, en el año 2002, en la iglesia de San Felipe Neri, por parte de un equipo encabezado por Luis A. Francés. El objetivo de la misma se centró en la localización y estudio de posibles estructuras y evidencias funerarias asociadas a la iglesia, construida en las esquinas de las calles Obrapía y Aguiar, en el año 1693.

Para los trabajos de campo se seleccionó como estrategia excavar en el centro del crucero bajo la cúpula octogonal del actual edificio, siguiendo los estratos arqueológicos por toda esta área.

Se pudieron esclarecer mediante este procedimiento dos períodos evolutivos, los cuales se dividieron en: etapa colonial y republicana. A través de las unidades estratigráficas, quedaron enumeradas las actividades constructivas y grupos de actividades, además se establecieron las diferentes fases y períodos de uso del sitio que ocupa la iglesia (Figs. 39, 40, 41, 42 y 43).[13]

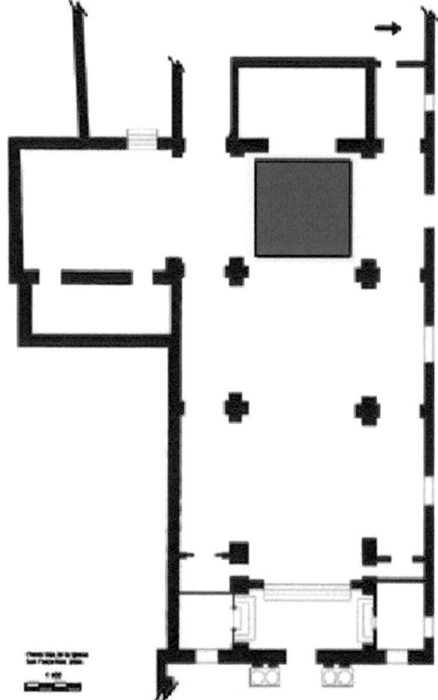

Fig. 39. Planta de la iglesia de San Felipe Neri, donde se señala el área excavada. Archivo de Investigaciones del Gabinete de Arqueología

El informe final de esta investigación se encuentra en fase de terminación, por lo que la explicación general de los procesos ocurridos en el sitio está aún pendiente.

En el boletín N° 2, publicado en el 2002, aparece un artículo de Roger Arrazcaeta Delgado, titulado: "Habana Vieja: Arqueología en edificios históricos", donde trata la introducción de la metodología de la Arqueología de la Arquitectura en el Gabinete como procedimiento general de abordaje de los sitios en nuestro contexto histórico, la cual prolonga los estudios arqueológicos, que tradicionalmente se realizan en el subsuelo al plano vertical de los paramentos.

[13]Los resultados extraídos de esta excavación se tomaron del informe de la misma el cual se encuentra en proceso de terminación. Autoría: Luis A Francés; Fidel Navarrete; Mónica Pavía.

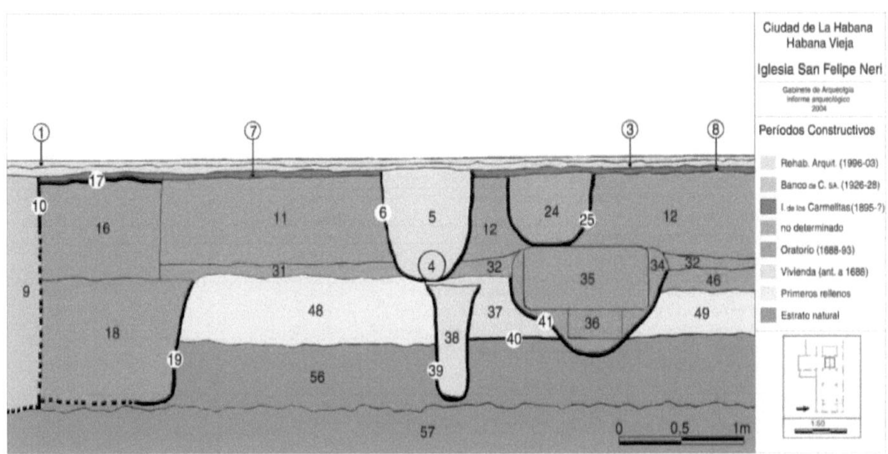

Fig. 40. Representación de una sección en la zona excavada, donde se señalan los estratos e interfacies encontradas. Archivo de Investigaciones del Gabinete de Arqueología

Períodos	Fases	Grupos de actividades	Actividades	UE
	1. Primeros momentos ocupacionales	Primeras obras	**1, 2, 3, 4, 5**	**1:** 50, 51, **2:** 52, 53, 54, **3:** 60, **4:** 62, 63, **5:** 48, 49
I Colonial (1492-1898)	2. Viviendas de Don Francisco de Sotolongo (anterior a 1688)	Construcción de las viviendas de Sotolongo	**6, 7, 8**	**6:** 26, 27, 28, 29, **7:** 43, 44, **8:** 37, 38, 39, 40, 55
	3. Iglesia San Felipe Neri (1688-1693)	Construcción del Oratorio	**9, 10, 11**	**9:** 11, 12, 31, 32, **10:** 13, 14, 15, 16, 18, 19, 33, 42, 47, **11:** 34, 35, 36, 41
	4. Iglesia de los Capuchinos (1764-	Ensanche de la traza del Oratorio		
	5. Iglesia de los Carmelitas (1885-1926)	Demolición parcial del Oratorio y reconstrucción de un nuevo edificio	**12, 13**	**12:** 7, 8, 17, 20, 21, 22, 23, 30
II Republicano (1898-actualidad)	6. Cede Bancaria. (1926-1959)	Adaptación y reformas	**14**	**14:** 9, 10
	7. Sala de Concierto (1996-2004)	Restauración monumental	**15, 16**	**15:** 1a, 1, 2, 3, **16:** 4, 5, 6

Fig. 41. Tabla en la que se relacionan los períodos inferidos del estudio de la secuencia estratigráfica. Archivo de Investigaciones del Gabinete de Arqueología

UE	Nombre	Tipo	Relación estrat. con:	Cronolog.
1	Losas de mármol y mezcla de cemento Portland	Elem. arq.		1996
2	Asiento del pavimento de mármol	Contexto		1996
3	Tubería y registro para evacuar aguas negras	Elem. arq.		1996
4	Relleno para la colocación de la instalación hidráulica de desagüe	Contexto		1996
5	Corte para la colocación de la instalación hidráulica de desagüe	Interfaz		1996
6	Cimiento de la caja fuerte del banco	Elem. arq.		1926
7	Corte para la cimentación de la caja fuerte del banco	Interfaz		1926
8	Desechos const. de las obras de ampliación de los PP Carmelitas, sector O	Contexto		1895
9	Desechos const. de las obras de ampliación de los PP Carmelitas, sector E	Contexto		1895
10	Tierra de color rojo-carmelita con evidencias de los s. XVII-XVIII, sector O	Contexto		s. XVIII
11	Tierra de color rojo-carmelita con evidencias de los s. XVII-XVIII, sector E	Contexto		s. XVIII
12	Fragmento de un poste quemado	Elem. arq.		s. XVIII
13	Mezcla para la colocación de un poste	Elem. arq.		s. XVIII
14	Corte para la colocación de un poste	Interfaz		s. XVIII
15	Restos del ábside de la primitiva iglesia	Elem. arq.		1693
16	Corte horizontal en las obras de rehabilitación arquitectónica, sector E	Interfaz		1996
17	Corte horizontal en las obras de rehabilitación arquitectónica, sector O	Interfaz		1996
18	Corte horizontal en las obras de ampliación de los PP Carmelitas, sector E	Interfaz		1895
19	Corte horizontal en las obras de ampliación de los PP Carmelitas, sector O	Interfaz		1895
20	Cimiento del ábside de la primitiva iglesia	Elem. arq.		1693
21	Corte para la cimentación del ábside de la primitiva iglesia	Interfaz		1693
22	Bulbo de mezcla a base de cal y piedras de pequeño tamaño	Elem. arq.		s. XVIII
23	Corte para el bulbo de mezcla a base de cal y piedras de pequeño tamaño	Interfaz		s. XVIII
24	Restos de muro de tapial	Elem. arq.		s. XVII
25	Restos de un muro de mampuesto	Elem. arq.		s. XVII
26	Cimiento del muro de mampuesto	Elem. arq.		s. XVII
27	Corte para fundir el muro de tapial	Interfaz		s. XVII
28	Corte para fundir el cimiento del muro de mampuesto	Interfaz		s. XVII
29	Interfaz de destrucción al muro de tapial y al de mampuesto	Interfaz		s. XVIII
30	Corte para la fundición de un bulbo sobre el muro de tapial.	Interfaz		s. XVIII
31	Bulbo a base de cal y piedras sobre el muro de tapial.	Elem. arq.		s. XVIII
32	Relleno de nivelación, sector O	Contexto		1693
33	Relleno de nivelación, sector E	Contexto		1693
34	Interfaz de destrucción en el relleno de nivelación, sector E	Interfaz		s. XVIII
35	Mezcla para sellar y proteger la piedra fundacional	Elem. arq.		1693
36	Sillar para proteger la piedra fundacional	Elem. arq.		1693
37	Piedra fundacional	Elem. arq.		1693
38	Pavimento muy compacto a base de cal	Elem. arq.		1693
39	Corte para la fundición del pavimento	Interfaz		1693
40	Corte para la colocación de la Piedra Fundacional	Interfaz		1693
41	Restos de cenizas en el sector O	Contexto		1693
42	Apisonado a base de cal	Elem. arq.		1693
43	Interfaz de destrucción al apisonado a base de cal	Interfaz		s. XVIII
44	Relleno arcilloso con desechos constructivos	Contexto		1693
45	Restos de cenizas en el sector E	Contexto		1693
46	Relleno arcilloso con evidencias del s. XVII, sector O	Contexto		s. XVII
47	Relleno arcilloso con evidencias del s. XVII, sector E	Contexto		s. XVII
48	Corte circular sobre la arcilla natural del sitio	Interfaz		s. XVII
49	Relleno arcilloso del corte circular	Contexto		s. XVII
50	Mezcla para un pie derecho	Elem. arq.		s. XVII
51	Huella dejada por un pie derecho	Interfaz		s. XVII
52	Corte para la colocación de un pie derecho	Interfaz		s. XVII
53	Fragmento del pavimento a base de cal	Elem. arq.		1693
54	Tierra natural del sitio de color rojo-carmelita	Contexto		
55	Restos de madera carbonizada junto al pavimento a base de cal	Elem. arq.		s. XVIII
56	Corte para la colocación de un poste	Interfaz		s. XVIII
57	Superficie erosionada de la arcilla natural	Interfaz		s. XVII
58	Corte ovalado a la arcilla natural	Interfaz		s. XVII
59	Material arcilloso que rellena al corte ovalado	Contexto		s. XVII
60	Refuerzo de hormigón inyectado a la columna NE	Elem. arq.		1926
61	Cimiento de la columna NE	Elem. arq.		1895
62	Corte para reforzar la columna NE	Interfaz		1926
63	Corte para el cimiento de la columna NE	Interfaz		1895
64	Refuerzo de hormigón inyectado a la columna SE	Elem. arq.		1926
65	Cimiento de la columna SE	Elem. arq.		1895
66	Corte para reforzar la columna SE	Interfaz		1926
67	Corte para el cimiento de la columna SE	Interfaz		1895
68	Lecho rocoso	Contexto		

Fig. 42. Listado de las unidades estratigráficas deducidas en la excavación de la iglesia San Felipe Neri. Archivo de Investigaciones del Gabinete de Arqueología

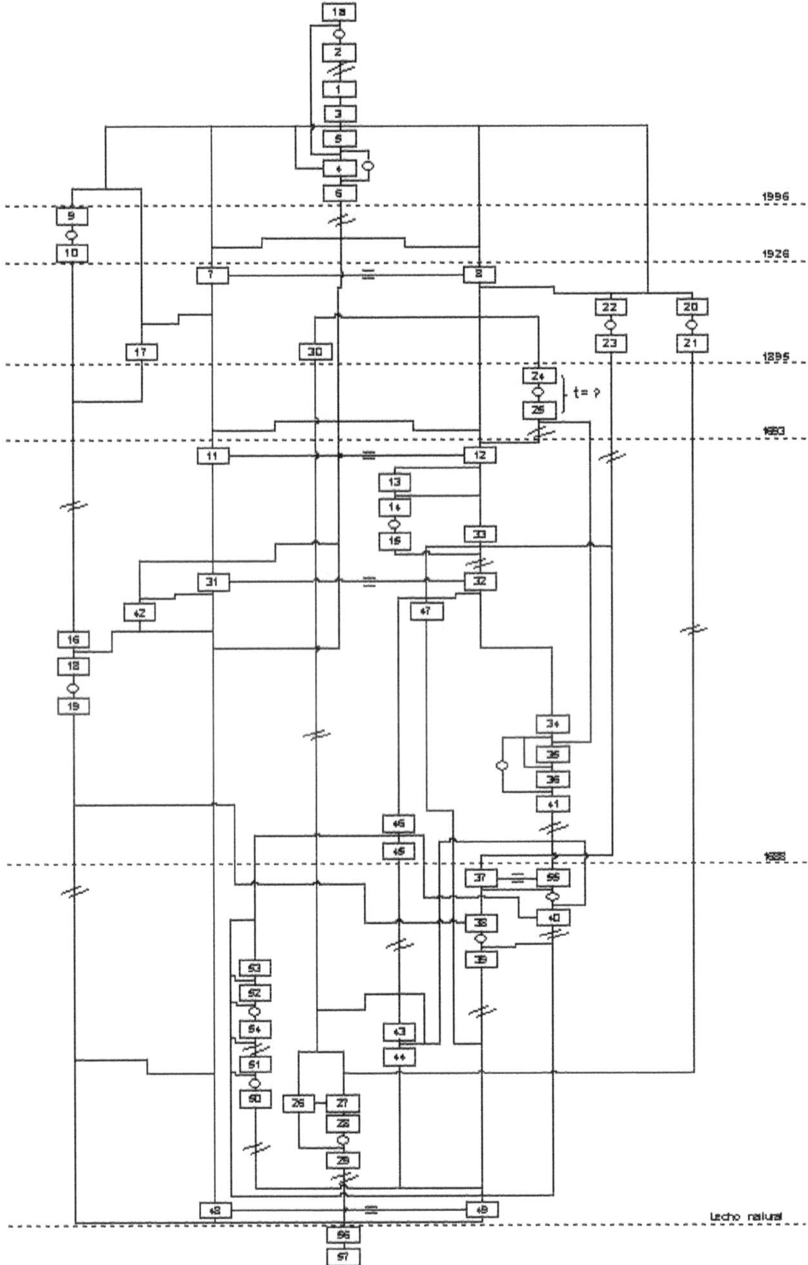

Fig. 43. Diagrama Matriz de Harris, realizada a partir de la secuencia estratigráfica del sitio. Archivo de Investigaciones del Gabinete de Arqueología

Antes de adentrarse en el tema, Arrazcaeta caracteriza los contextos arqueológicos habaneros como contextos múltiples, lo cual justifica planteando una serie de regularidades que fueron por él inferidas mediante el estudio de multiplicidades de ellos. Así, a estas alturas de desarrollo teórico-metodológico, pudo deducir:

- Una topografía irregular, vista en los rellenos superpuestos que tipifican los contextos arqueológicos urbanos (productos estos de la reestructuración constante de los espacios).
- Los rellenos tienen un origen diverso: basurales, restos de construcción, partes del subsuelo virgen, etc. Estos rellenos pueden estar mezclados con otros de diferentes procedencias, por tanto se consideran depósitos estratificados.
- En el caso de los rellenos primarios, los contenidos artefactuales, permiten establecer determinaciones crono-diagnósticas, no así en los secundarios.

Otros elementos definidos por Arrazcaeta como causantes de la complejidad estratigráfica son:

- Los pisos de ocupación de varios niveles, las redes de sistemas hidráulicos, inclusión de elementos actuales, contextos perturbados por nuevos desarrollos urbanos, etc.
- La evidencia de todos estos elementos se presenta, según el autor, en el registro arqueológico de la siguiente manera:
    - Presencia de dos letrinas con desechos incompletos de distintos períodos.
    - Canalizaciones reutilizadas y redelineadas.
    - Cavidades excavadas en la roca virgen con posibles protoformas de estructuras no identificadas.
    - Cimentaciones tempranas que no constituyen parte del inmueble excavado, sino que son evidencia de un momento anterior.[14]

Estas regularidades, que abordan las características más generales de los contextos habaneros intervenidos, se suman a aquellas propuestas por Hernández y Roura en 1997, ambas constituyen ejemplos de los intentos realizados por arribar a explicaciones teóricas de niveles altos, viables, en cuanto se han excavado diversidades de sitios que proporcionan el material adecuado para la realización de este tipo de interpretaciones.

Es el hombre mismo hacedor de objetos dentro de un proceso social específico, el que da origen a edificaciones transformadoras del subsuelo donde se asientan, pero básicas por la función socio-cultural que cumplen. Por lo tanto, si los depósitos donde yacen materiales "olvidados" por sociedades pasadas, al ser recopilados, organizados y registrados, por métodos estratigráficos, constituyen datos valiosísimos en el proceso interpretativo posterior, los edificios históricos elabora-

[14] "Habana Vieja: Arqueología en edificios históricos" de Roger Arrazcaeta Delgado; No 2, año 2; 2002; páginas: 14 -23.

dos en un momento de desarrollo de una sociedad determinada, los cuales se fueron modificando tanto en su exterior como en el interior, se pueden también registrar y organizar en forma de datos, pues constituyen yacimientos de gran valía a la hora de conocer como pensó y actuó el hombre que los erigió.

El estudio de las edificaciones en pie o restos de estructuras murarias en el Gabinete se implementa a partir de los contactos con Agustín Azkárate (año 2000). A partir de aquí, prácticamente queda eliminada la concepción anterior de la realización de calas parietales en los muros para responder a los intereses del arquitecto restaurador. Estas son sustituidas por el análisis estratigráfico de los paramentos de una forma más integradora, aplicando los mismos procedimientos utilizados en la arqueología del subsuelo.

Esta metodología no busca aisladamente la ubicación de elementos arquitectónicos desaparecidos para recrearlos en el proceso restaurativo, sino que además de esto, cala, para hilvanar de forma integradora la evolución de un contexto que por naturaleza es arqueológico.

Los contextos horizontales, aunque muchas veces se mantienen activos debido a las múltiples reutilizaciones que sufren, tienden más a quedar en desuso que los contextos verticales. Estos últimos, a no ser que perezcan por situaciones determinadas quedando sólo como prueba de su existencia restos de cimentaciones, tienden hacia una dinámica constructiva que demuestra tanto la etapa temprana de su formación como su evolución a lo largo del tiempo. [15]

Para el estudio completo de toda la estratigrafía muraria de una edificación, lo ideal es que se disponga de todas las condiciones tanto físicas como técnicas ideales para su realización. Los paramentos han de encontrarse descarnados (o sea sin revestimientos que cubran las paredes). Este aspecto es bastante complejo en los edificios coloniales habaneros, ya que históricamente las edificaciones habaneras están enlucidas, y estos revestimientos constituyen evidencia cultural de gran importancia, por lo que lejos de quitarlos han de ser preservados, constituyendo, uno de los elementos más importantes a estudiar por parte de la arqueología de la arquitectura que se realiza en el casco histórico.

Para tratar este tema más extensivamente, puede verse el trabajo: "La arqueología de la Arquitectura en la Habana Vieja, un estudio de caso", realizado por la autora de este trabajo en coautoría con Iosvany Hernández Mora. Algunos de sus resultados los expondré aquí como ejemplo de aplicación de la metodología.

La casa intervenida en dicho estudio se encuentra situada en la calle San Ignacio esquina a Acosta, actualmente señalada con el número 602. Intenciones futuras de restauración de estos inmuebles han motivado el interés por realizar estudios históricos, registros fotográficos, y algunas lecturas de paramentos. La dificultad radica en que casi todos los inmuebles de esta calle continúan en posesión de familias habaneras, por lo que los estudios se encuentran limitados, sin poder implementarse hasta este momento una estrategia generalizadora del espacio. En este caso en particular, la aplicación del método estratigráfico se restringió al

[15] Estos aspectos han sido trabajados por especialistas europeos, como Luis Caballero Zoreda en: La Arqueología de la Arquitectura y el estudio de las construcciones históricas. Internet, 2005.

análisis de toda la fachada de la casa por ambas calles sin poder todavía precisar cuándo podrá extenderse al interior del inmueble.

Desde el punto de vista metodológico se utilizó el método formulado anteriormente para el análisis de paramentos, tomando como base la propuesta realizada por los especialistas italianos.[16] Los procedimientos a seguir fueron los estratigráficos, teniendo en cuenta los principios establecidos por el doctor Harris. A partir de la señalización de cada uno de los estratos murarios se estableció la secuencia estratigráfica en un diagrama o matriz, la cual representa las relaciones de temporalidad que se establecen entre cada uno de ellos.

El problema de investigación se centró en establecer cómo ocurrió el desarrollo diacrónico de la fachada de la casa desde sus inicios hasta el presente teniendo en cuenta la gran cantidad de valores históricos que esta presenta, reverenciados en su decoración y elementos constructivos.

De este estudio, además de una descripción reconstructiva del estado de las fachadas en diferentes etapas de su desarrollo, partiendo de su primera concepción (siglos XVII-XVIII), lo cual constituye un primer nivel de interpretación de los datos, se pudo establecer una congruencia analítica de estos para llegar a un nivel explicativo de los procesos culturales que dieron origen a este depósito murario. Conocimos por datos históricos la temprana habitación de esta esquina alrededor del año 1680. La casa que la ocupaba por estos años fue elaborada en rafas, tapias y tejas en su techumbre, tipología muy común en La Habana de entonces. No aparece ningún dato documental señalando la posibilidad de pérdida de la primera edificación, sin embargo este hecho no se puede descartar si tenemos en cuenta la imagen tan neoclásica que proyecta. En una tasación realizada en 1799 se menciona que el inmueble poseía rafas antiguas además de mampostería y tapias, por lo cual valoramos que al derribarse el anterior, si es que esto sucedió, se dejaran algunos muros por considerarse en buen estado de conservación para erigir sobre ellos la nueva construcción. No obstante, no se conserva en el sitio ninguna evidencia arqueológica que atestigüe tal hecho.

Se establecieron cuatro etapas evolutivas de este sitio:

Durante la primera etapa se levantaron los muros de las fachadas, con ocho vanos identificados para este período formativo (esto es entre puertas y ventanas), además de uno de dudosa determinación física. Pertenecen a esta primera etapa la pilastra adosada a las rafas de sillares, la cornisa toscana que rodea toda la fachada por ambas calles, pies de ventana y cerramientos de vanos con formas de conchas marinas, además de los adintelados en la puerta principal y en las ventanas que dan a la calle San Ignacio. Todos estos constituyen los vestigios más tempranos sobre la fachada, por tanto, se ubican en la etapa formativa.

Otros elementos que se situaron como pertenecientes a esta primera etapa fueron: La puerta de clavazón que conserva sus goznes originales, aunque estos ya

[16]Específicamente la realizada por el profesor Arq. Roberto Parenti, el cual toma las tres relaciones básicas de temporalidad, dadas por E. C. Harris, sin representar en el diagrama estratigráfico las relaciones físicas directas que él considera como interpretativas (Roberto Parenti, comunicación personal; junio. 2004).

no cumplen función, pues en su lugar se encuentran unas bisagras modernas, restos de techumbre que sobreviven por la calle San Ignacio y el tejaroz de la calle Acosta; las tejas de los techos constituyen elementos de muy difícil tasación.

En la segunda etapa, donde se ubica todo el siglo XIX, se introdujeron las rejas de los vanos de las ventanas por la calle San Ignacio y el letrero de accesoría A en la esquina de la calle San Ignacio. Estas rejas fueron cortadas posteriormente para abrir nuevos accesos. Alrededor de la que se conserva, aparecen huellas de variados momentos de intervenciones para posibles arreglos evidenciados en diferentes capas de repellos, los más antiguos ricos en cal (posible siglo XIX) y los más modernos realizados a base de cemento Portland. Es muy probable que los guardapolvos mencionados en la tasación hayan desaparecido en algún momento del siglo XIX a juzgar por las interfacies que presentan en la planta superior los dos ventanales de la fachada principal. Estas interfacies están cubiertas por una argamasa rica en barro y cal. Teniendo en cuenta la capa estratigráfica de revoque y la nivelación de estos dos marcos de ventana con respecto a la relación puerta principal-muro; los marcos originales fueron sustituidos aquí por los actuales.[17]

En la tercera y cuarta etapa, ubicada en los siglos XX y XXI, se ejecutaron las transformaciones más trascendentales en el orden de las distribuciones espaciales, lo cual evidencia un continuo reordenamiento funcional. Cuando en el siglo XX el inmueble deja de ser casa de familia para convertirse en un lugar de alquiler, tanto para familias diversas, como para diversos establecimientos comerciales, ocurren una serie de transformaciones espaciales para readaptarlo a las nuevas circunstancias. Por tanto se cierran vanos antiguos y se abren otros nuevos readecuando el espacio a sus diversos usos.[18]

En este caso en específico, la determinación de las interfacies, jugó un papel fundamental en el proceso interpretativo del depósito murario. Este inmueble, como ya señalé, responde al código doméstico dentro de la arquitectura colonial habanera, y los cambios que en él se producen obedecen a la voluntad de sus moradores. No sucede de igual manera con los edificios correspondientes a otros códigos arquitectónicos (eclesiásticos, civiles, militares), los cuales están sujetos a normas más estrictas. Las transformaciones producidas en ellos en casi todos los casos van a responder a cambios en las normas, o nuevas distribuciones espaciales para readecuamiento del espacio, etc., pero siempre ocurrirán con menos frecuencia, y más cuidado con los preceptos a los cuales se ciñen.

En nuestro caso en específico, sobre los muros "originales" se concibieron los primeros vanos y ventanas que tuvo la casa, después, estos se abrieron y se

[17] En 1850, el licenciado José María Tagle compra la parte de la casa donde se halla el cuarto esquinero, pero él y su esposa no vivían en ella, sino en un inmueble en Guanabacoa. No fungía entonces como casa de vivienda de la familia propietaria, por lo que es posible que se arrendara. Estos datos históricos fueron tomados de la investigación realizada por la licenciada Rosalía Oliva Suárez, en el año 2005.

[18] La totalidad de los revoques utilizados en estos cambios fueron preparados a base de cemento, su composición permitió establecer la actualidad de los hechos. Las inclemencias del tiempo, como grandes lluvias y los ciclones, causaron el deterioro de la techumbre, por lo que se incorporaron tejas de fibrocemento.

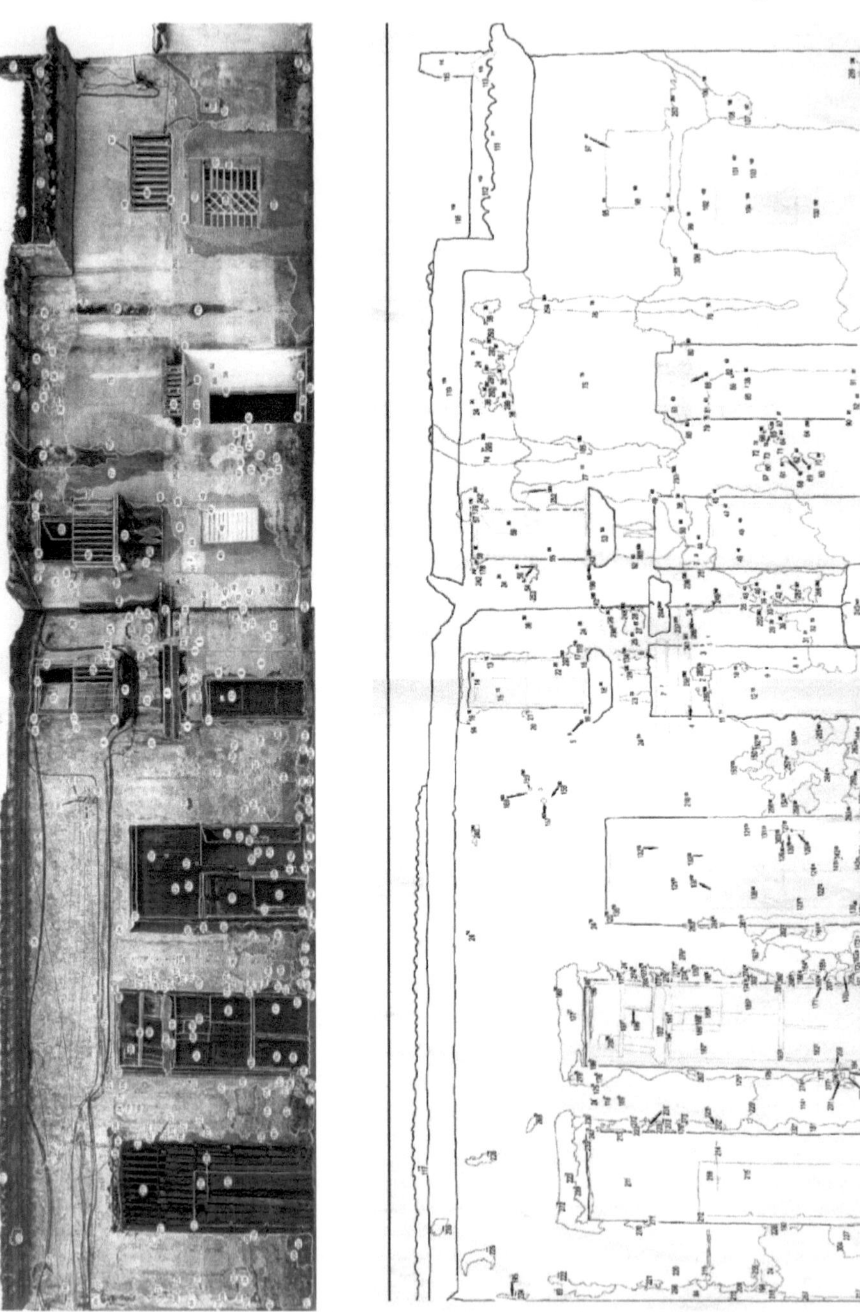

Fig. 44. Foto de la fachada de la casa, con las unidades estratigráficas identificadas. Fig. 45. Dibujo de la fachada, con las unidades estratigráficas enumeradas

cerraron a voluntad de los propietarios a lo largo de la historia. La pintura mural al fresco todavía se conserva en la fachada principal; el escaso poder adquisitivo de la familia que habita esta parte del inmueble ha posibilitado la supervivencia de estos vestigios a diferencia de lo acontecido por la calle Acosta, donde prácticamente han desaparecido (Figs. 44 y 45).

Por la calle San Ignacio, se detectaron sobre la capa de pintura mural un gran número de interfacies, en su mayoría estas obedecen a deterioros casi todos de origen natural[19]. Las otras detectadas rodeando fundamentalmente los vanos, sí obedecen en a transformaciones antrópicas (introducción del enrejado, eliminación de guardapolvos, cambios de marcos, transformaciones de los espacios traducidas en la fachada en los constantes cambios de ventanas por puertas o viceversa, etc.).

En la fachada por la calle Acosta, a pesar de que la pintura mural se evidencia por debajo de una capa de cemento que la cubre, los cambios actuales en la fachada muestran las necesidades de sus propietarios de una remodelación constante del espacio interior. Allí se conservan las huellas interfaciales de cierre y apertura de vanos para puertas o ventanas, reverenciando cambios de funciones en las habitaciones interiores. Por ejemplo, se cerró la ventana esquinera que pertenecía a la accesoria y en su lugar se abrió una ventana de persianas modernas de un tamaño más pequeño (Figs. 44 y 45).

La interpretación de toda esta estratificación fue posible a partir del establecimiento de la secuencia estratigráfica del yacimiento murario. De esta queda fiel evidencia en la matriz realizada (Fig. 46).

A este punto de desarrollo teórico metodológico en el trabajo del Gabinete se puede llegar a las siguientes conclusiones, tomando como punto de partida las regularidades, que para los contextos habaneros se establecieron en 1997 por Hernández y Roura, y en el año 2002 por Arrazcaeta Delgado.

- Un yacimiento arqueológico habanero es un yacimiento pluriestratificado por causas antrópicas.
- En ninguno de los sitios arqueológicos habaneros existe la estratigrafía natural, solo remanentes de ella en lugares no transformados por el hombre, por tanto proceder a excavar un sitio utilizándola es un error.
- Los rellenos presentes en los registros arqueológicos pueden ser de dos tipos: primarios y secundarios, en dependencia de cómo estos sean clasificados, podrán definirse entonces las pautas metodológicas a seguir durante el resto de la investigación.
- Los procedimientos estratigráficos se han extendido desde el subsuelo a la verticalidad de los muros, por tanto las características estructurales y arquitectónicas de los inmuebles ya no se analizan de forma aislada, sino que constituyen parte de un sistema donde todo se integra. Los paramentos de las edificaciones constituyen también depósitos estratificados, reflejo del uso y el desuso.

[19] Interfacies de origen natural, producidas por el deterioro en las paredes como consecuencia del paso del tiempo y el efecto de la humedad.

- Los elementos interfaciales dentro de la estratificación constituyen puntos claves para decodificar el sistema, proporcionando autonomía a la estratigrafía arqueológica diferenciándola para siempre de la natural. La asimilación y por consiguiente, el entendimiento, de los elementos interfaciales como portadores imprescindibles de información ha generado una forma diferente de aproximación al registro, apreciable, desde la primera interpretación de los datos en el sitio (registro en la planilla), la cual es eminentemente "descriptiva", hasta la fase de la interpretación explicativa de los hechos que dieron origen al depósito.

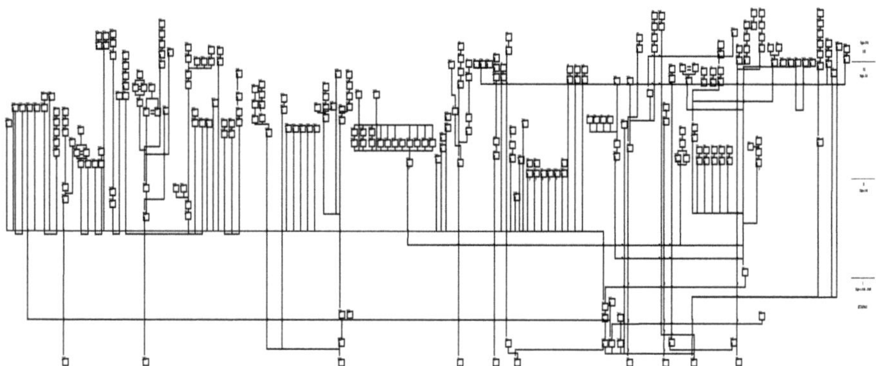

Fig. 46. Matriz de Harris, con la secuencia temporal del sitio

CONCLUSIONES

Como hemos visto en el desarrollo de este libro, los problemas teóricos para el establecimiento de inferencias acordes con las características particulares de cada registro arqueológico, la falta de una teoría arqueológica, y la inconsistencia metodológica en nuestra ciencia constituyeron puntos de mira esenciales, a partir de los cuales se desataron una serie de discusiones básicamente teóricas. A pesar de que la llamada, en su momento, Nueva Arqueología en la década del sesenta del pasado siglo, representada sobre todo en la persona de Lewis Binford, detectó una inconsistencia metodológica proclive a resolverse sobre la base de la búsqueda de un cuerpo metodológico arqueológico que resolviera las limitaciones interpretativas detectadas al tratar de darle una interpretación coherente a los datos del registro, ninguna de estas indagaciones se orientaron directamente hacia las metodologías de campo, sólo abrieron el camino.

Desde el punto de vista teórico, el problema de la interpretación si fue bastante discutido, llegando a conclusiones importantes para el desarrollo del pensamiento arqueológico internacional. El yacimiento arqueológico posee un carácter particular, por lo tanto la "información" en él contenida responde a esta particularidad, sujeta, claro está, a las leyes generales que rigen a cada sociedad histórico-social. Sin embargo, su contenido responde a las relaciones establecidas entre cada particularidad del sistema, y la totalidad que las contiene, así como de las relaciones que se establecen con otras que le son contemporáneas.

Estos elementos hicieron analizar a los postprocesualistas cómo la búsqueda planteada por Binford de instrumentos de medición independientes, no es posible, porque todo lo que se interpreta depende de las concepciones teóricas del sujeto observador, por tanto, el resultado explicativo queda subordinado a las variables teóricas realizadas por este sujeto de acuerdo al alcance explicativo que presente la teoría mediadora empleada para acercarse a los datos. Por esta razón se temió mucho en caer en resultados cada vez más relativos. De allí se deduce como un claro conocimiento de la Historia y de la Teoría de la Metodología para la Ciencias Sociales, con un basamento en los enfoques que para el pensamiento científico tiene desarrollada la Filosofía de la Ciencia, se pueden establecer caminos claros para la reducción cada vez más fehaciente del relativismo en nuestros resultados científicos. La Arqueología es una disciplina más dentro de las llamadas Ciencias Sociales. Hoy en día el camino de la ciencia es claro, el *pensamiento complejo* como vertiente de estudio filosófico aporta, con su visión, la posibilidad de reconocer en el campo científico cómo el mundo que nos rodea está regido por multiplicidad de lógicas, por tanto, pretender acercarnos a él bajo una única visón, desde una única lógica científica, es por demás un desatino. Por esta vía vamos camino hacia un *relativismo* cada vez mayor en nuestros resultados. Hoy la tendencia marca la unión a diferentes niveles epistémicos. Esto es factible lógralo a través del estudio exhaustivo de un gran número de tendencias contemporáneas de pensamiento científico, para valorar el potencial de alcance de cada una y determinar qué aspectos de la *totalidad* en estudio nos permite comprender y explicar. Esta posibilidad es vital para el científico social contemporáneo, sólo así estaremos dando un paso de avance hacia la posibilidad de resultados cada vez más abarcadores y con un potencial explicativo cada vez más multidimensional, lo cual aumenta considerablemente nuestro entendimiento sobre el medio natural y el hombre como su factor transformador más importante hasta ahora.

En el caso de la Arqueología, como analizamos en el primer capítulo, a partir de 1960 se comienza a producir un cambio, que en cuanto a metodología de intervención logra en 1979 grandes avances. El arqueólogo no estaba preparado antes de esta fecha para ver las huellas del pasado, reflejadas en un corte o en un relleno, por tanto el resultado de la lectura extraída resultaba incoherente a la vista del especialista. El efecto fue entonces un grupo de información disgregada, imposible de concatenar. Cuando se aplicaban los procedimientos arbitrarios, pasaba algo similar, los cortes dados, predeterminados por el investigador, no tenían nada que ver con la deposición, ni natural ni antrópica del sitio, por tanto, se creaba una nueva estratificación, y por ende, una nueva información, dando como resultado una explicación falsa de la realidad.

Harris en su obra analiza cómo ocurren fenómenos de deposición para la Geología, y cuáles son los puntos de divergencias que estos tienen con las formaciones antrópicas. Los procesos de intervención humana sobre la estratigrafía natural, no ocurren de igual manera en todos los lugares de la tierra. Harris determina rasgos culturales generales para sistematizar el momento de acción antrópica sobre los sedimentos, para ello define regularidades, que según él se cumplen en todos los sitios habitados; define principios y leyes científicas inherentes a la concepción antrópica del yacimiento. Sin embargo, es posible determinar, con la aplicación de su procedimiento, múltiples variaciones culturales, definitorias de esa paticularidad que cada sitio posee, y que hasta este momento eran imposibles de detectar con otros procedimientos. Dichas variaciones se interpretan o explican una vez que se recogen todos los datos. Es posible interpretar con la lectura de las relaciones estratigráficas datos referentes a la formación de un yacimiento y su evolución en el tiempo, relaciones entre los materiales muebles, con los distintos momentos de formación del depósito, procesos culturales acontecidos, y cambios sociales. Es obvio que todas estas posibles interpretaciones y explicaciones se lograrán si existe por parte del arqueólogo una adecuada preparación teórico-metodológica. Pienso que la elección de teorías epistemológicas procedentes de diferentes posiciones teóricas, o de diversas disciplinas científicas, con un enfoque interdisciplinario que nos permita romper límites, barreras, que el propio desarrollo científico impuso, puede abrir caminos metodológicos futuros.

Al Gabinete de Arqueología adoptar esta metodología como instrumental oficial de trabajo, ya se avistaba un desarrollo paulatino teórico-metodológico, apreciable en los resultados de las investigaciones arqueológicas realizadas en la década de los noventa del pasado siglo.

Se cambian los procedimientos utilizados para excavar un sitio, se reconoce el origen diverso de la naturaleza de los contextos habaneros, se entra en contacto con literatura de avanzada para nuestra especialidad, hecho que suple en alguna medida el déficit académico que golpeaba en la formación teórica de nuestros arqueólogos. A esto se le suma el cambio de las estrategias de excavación, así como la búsqueda de nuevos enfoques teóricos. Como resultado de este proceso de cambios, se desprende la aparición de investigaciones, donde las deducciones realizadas trataron de darle una "explicación" más aglutinadora a los estudios realizados por los especialistas de la institución. Con la introducción de las nuevas estrategias y procedimientos cambian las concepciones formadas hasta ese momento. Ahora hay plena conciencia de la significación de la estratigrafía arqueológica, por tanto se reconoce la importancia fundamental de un buen registro de los datos. Cuando se enfrenta un investigador al sitio, lo hace con una visión integradora del mismo, y esta visión sólo se objetiviza con una estrategia de excavación en área abierta. El investigador posee ahora un cuerpo metodológico propio de la Arqueología con un código para descifrar lo que descubre y aparece ante su vista, capaz de brindar información detallada sobre cada uno de los aspectos encontrados. No constituye por esto un instrumento de medición independiente, como lo quería Binford, pero sí un instrumento fiable, propio y particular de la Arqueología como ciencia.

¿Cuáles son las desventajas advertidas en la aplicación del mismo?

- En sus inicios el método fue interpretado como un sistema de registro que cubriría un déficit advertido en la bibliografía de la ciencia; es cierto que Harris menciona este aspecto en su libro, sin embargo, las concepciones teóricas de su propuesta, analizadas en el capítulo 2 de este libro, dejan expuesto el potencial teórico-metodológico implícito en este.
- La posición neopositivista, a la cual lo han adscrito, se ha hecho plausible a nivel internacional, en trabajos donde el despliegue de la tecnología en función de determinar la secuencia estratigráfica del yacimiento ha primado sobre los intereses de llegar a una explicación de nivel teórico más alto que esclarezca los procesos sociales dinámicos implícitos en la interpretación del registro.

- La mala lectura, y por consecuencia la mala interpretación de los presupuestos de esta teoría, además de las dificultades que comporta, llevar a feliz término el diagrama o matriz- Harris, puede conducir a que el arqueólogo convierta la estratigrafía en el objeto principal de su investigación, lo cual acarrearía la pérdida de información histórica importante. En la primera etapa de establecimiento del procedimiento en el Gabinete, muchos trabajos adolecieron de estos problemas, por eso la denomino etapa experimental. Las investigaciones, a mi parecer, no han explotado el potencial investigativo que este posee, sobre todo en la fase interpretativa; considero largo el camino, sin embargo, es notable la tendencia entre los investigadores del Gabinete al estudio detallado de la metodología, para su mayor aprehensión.

Recomendaciones

- Analizar el potencial interpretativo de esta metodología con respecto a las demás comúnmente utilizadas en nuestro país para valorar la posibilidad de que sea aplicable en otras localidades y contextos.
- Que esta investigación sirva como punto de partida a otras que se interesen por indagar en aspectos teóricos-metodológicos, por ser este un punto deficitario en la arqueología cubana actual.

BIBLIOGRAFÍA

Abbagnano, N.: *Diccionario de Filosofía.* Edición revolucionaria. Instituto Cubano del Libro. La Habana. 1972.

Arrazcaeta Delgado, Roger: "*Habana Vieja: Arqueología en edificios históricos*". *Boletín Gabinete de Arqueología.* No. 2, año.2. Ediciones Boloña. Oficina del Historiador de la Ciudad de La Habana. 2002: 14-23.

Azkárate, A.: "*Arqueología de la Arquitectura: definición disciplinar y nuevas perspectivas*". *Arqueología de la Arquitectura.* No.1. Universidad del País Vasco-CSIC. Vitoria- Gasteiz. 2002: 7-10.

__________: *La Arqueología de la Arquitectura. Iniciación al estudio y Documentación Arqueológica de los Edificios Históricos.* Curso impartido en La Habana, Marzo del 2000.

Bate, Luis Felipe: *El proceso de investigación en arqueología.* Editorial Crítica. Barcelona. 1998.

______________: Relación general entre teoría y método en arqueología. Teoría, Métodos y técnicas en Arqueología. Instituto de Geografía e Historia. México D F. 1982.

Binford, Lewis R.: *En busca del Pasado.* Romany Á/ Valls, S. A., Capellades. Barcelona. 2004.

Centro de Investigaciones y Museo de Salando: *Cambio y Continuidad en Salango.* Museo Arqueológico del Banco del pacífico. Guayaquil, Junio- agosto. 1984.

Franch, José Alcina: *Diccionario de Arqueología.* Alianza Editorial, S.A, Madrid. 1998.

________________: *Arqueología Antropológica.* Editorial AKKAL. Madrid. 1989.

Funari, Pedro Paulo A.: "*La arqueología histórica en una perspectiva mundial*". *Boletín Gabinete de Arqueología.* No 3, año 3. Ediciones Boloña. Oficina del Historiador de la Ciudad de La Habana. 2004: 88-91.

________________.: *"Arqueología histórica: Discusiones epistemológicas recientes". El Caribe arqueológico.* No 8. Anuario publicado por la Casa del Caribe. 2004: 20-28.

Gándara Vázquez, Manuel: *"Falsificacionismo, dogmático y arqueología". Boletín de Antropología Americana.* Instituto Panamericano de Geografía e Historia; diciembre de 1999.

González Pérez, César A. y María del Mar Bóveda López: *"Un modelo de clases para el registro arqueológico". Boletín Andaluz del Patrimonio Histórico*; junio de 1998.

Harris, Edward C.: *Principios de estratigrafía arqueológica.* Editorial Crítica, Barcelona; 1991.

_____________: *"La estratigrafía de las estructura en pie". Boletín Gabinete de Arqueología.* No. 3, año 3. Ediciones Boloña. Oficina del Historiador de la Ciudad de La Habana. 2004: 79-87.

Hernández Oliva, Carlos Alberto y Roura Alvarez Lisette: *"Apuntes en torno a la naturaleza de los contextos arqueológicos en la Habana intramuros". El Caribe Arqueológico.* No 2. Anuario publicado por la Casa del Caribe. 1997: 108-113.

____: *Intervención arqueológica en la casa de los Marqueses de Arcos. Boletín Gabinete de Arqueología.* No.4. año. 4. Ediciones Boloña. Oficina del Historiador de la Ciudad de La Habana. 2005: 36-44.

Hernández Oliva, Carlos Alberto y Arrazcaeta Delgado, Roger: *Prehistoria de Cuba: Una propuesta de análisis teórico y metodológico. El Caribe Arqueológico.* No 8. Anuario publicado por la Casa del Caribe. 2004: 64-73.

Hernández Oliva, Carlos Alberto: *Lewis Binford y la Nueva Arqueología. Reflexiones acerca de "En busca del pasado: descifrando el registro arqueológico.* 2003. (Inédito).

Hernández Mora, Iosvany: *"Patrimonio y Arqueología Histórica. Reflexiones desde una epistemología antropológica". Boletín Gabinete de Arqueología.* No 4., año 4. Ediciones Boloña. Oficina del Historiador de la Ciudad de La Habana, 2005: 104-118.

Hodder, Ian: *Interpretación en Arqueología. Corrientes actuales. Edición ampliada y puesta al día.* Editorial Crítica. Barcelona. 1994.

Johnson, Mathew: *Teoría arqueológica. Una introducción.* Editorial Ariel, S. A. Barcelona. 2000.

La Rosa Corzo, Gabino: Perspectivas de la Arqueología Histórica en Cuba en los umbrales del XXI. *Revista Bimestre Cubana.* No 12. VOL LXXXVII, Época: III. La Habana. 2000: 124-135.

López Aguilar, Fernando: *Elementos para una construcción teórica en arqueología*; Instituto Nacional de Antropología e Historia, México. 1990.

Lugo Romera, Karen M. y Menéndez Castro, Sonia: La inmundicia en La Habana: Legado colonial. *El Caribe Arqueológico.* No 7. Anuario publicado por la Casa del Caribe. Año 2003: 99- 106.

__________________: *Barrio de Campeche: tres estudios arqueológicos*. Fundación Fernando Ortiz, Ciudad de La Habana. 2003.

Marichal Garcia, Liz B; Suárez Cairo, Adriana; Robaina Jaramillo, J. R.: La nueva *arqueología: entre el declive de una tradición y lo novedoso de una realidad. El Caribe Arqueológico*. No 8. Anuario publicado por la Casa del Caribe. 2004: 14-19.

Renfrew. Colin: *La nueva arqueología. El correo*. No 7. Organización de las Naciones Unidas para la Educación, la Ciencia, y la Cultura. Julio 1985: 4-8.

Renfrew, C y Bahn, Paul: *Arqueología, teoría y métodos*. Editorial AkaL.1993.

Torres Etayo, Daniel: *La arqueología cubana en la encrucijada: la teoría o la empiria. El Caribe Arqueológico*. No 8. Anuario publicado por la Casa del Caribe. 2004: 2-7.

Trigger, Bruce G.: *Historia del Pensamiento arqueológico*. Editorial Crítica. Barcelona. 1992.

Prado Flores, Aneli. (Col. Aut.): *Rescate arqueológico en Mercaderes No 15. Boletín Gabinete de Arqueología*. No 3, año 3. Ediciones Boloña. Oficina del Historiador de La Ciudad de La Habana.2004: 31-40

Rodríguez Basulto, Beatriz y Hernández Mora, Iosvany: *La Arqueología de la Arquitectura en la Habana Vieja: Un estudio de caso*. (En proceso de publicación). 2005.

Vasconcelos Portuondo, Daniel: *Institucionalización de la arqueología en la Habana Vieja. Boletín Gabinete de Arqueología*. No.1, año 1. Ediciones Boloña. Oficina del Historiador de la Ciudad de La Habana. 2001: 22-28.

Velandia, César: *Anti-Hodder (Diatriba contra las veleidades post-modernistas en la* arqueología post-procesual de Ian Hodder). *Comentario* por: Fran Flórez. En rupestre/ web, http://rupestreweb.tripod.com/hodder.html julio de 2002.

Wheeler, Mortimer: *Arqueología de Campo*. Fondo de Cultura Económica, México; 1961.

Zoreda, Luis Caballero: Método para el análisis estratigráfico de construcciones históricas o “Lectura de paramentos”. Informes de la Construcción, Vol. 46 no. 435; enero/ febrero. 1995.

Bibliografía del Archivo de Investigaciones del Gabinete de Arqueología de la Oficina del Historiador (Inéditas):

Arrazcaeta Delgado, Roger: *Informe preliminar de las excavaciones realizadas en la casa de Don Pablo Pedroso*. 1993. En proceso de elaboración.

Arrazcaeta Delgado, Roger y Crespo, Rolando: *Informes preliminares (I, II, III). Casa del Marqués de Prado Ameno (calle O'Relly No. 253)*. 1999-2001.

Francés Santana, Luis A, Navarrete, Fidel y Pavía, Mónica: *Informe de excavación de la Iglesia de San Felipe Neri*. 2005.

Lugo Romera, Karen M; Menéndez Castro, Sonia; Rodríguez Basulto, Beatriz; Roura Álvarez, Lisette: *Tras los vestigios comerciales de la calle Muralla*. 2005.

Rodríguez Basulto, Beatriz: *La Estratigrafía un medio o un fin en la interpretación del registro arqueológico.* 2004.

Rodríguez González, Anicia: *Estudio histórico arqueológico de la casa del Conde de Villanueva.*1997.

Roura Álvarez, Lisette: *Excavaciones arqueológicas en Obrapía Nº. 55.* 2003.

GLOSARIO

Arqueología:
Es una ciencia social, cuyo objeto de estudio central lo constituyen las sociedades pasadas. La especificidad de la misma radica en la particularidad de sus datos: Restos materiales dejados por el hombre en el decursar del tiempo, que se encuentran codificados en el registro arqueológico.

Arqueología Histórica:
Es una disciplina de la arqueología que se dedica al estudio de sociedades pasadas, las cuales le siguen en el tiempo a las sociedades prehistóricas. La característica fundamental, es que constituyen sociedades jerarquizadas, donde priman las diferencias de clases. En Europa parten del medioevo y en América del estudio de la etapa colonial.

Estratificación arqueológica:
Según E. C. Harris (1991) es un terreno estratificado como consecuencia, en mayor medida, de la acción humana. Se constituye a partir de los cambios en las características del material depositado y de mutaciones en las condiciones de deposición; incluye unidades de estratificación creadas mediante deposición y excavación, por ejemplo, estratos y fosas.

Estratigrafía arqueológica:
Según E. C. Harris (1991) es el estudio de la estratificación arqueológica. Se ocupa de las relaciones cronológicas y secuenciales que se establecen entre los estratos y los elementos interfaciales, y su composición pedológica, su aspecto topográfico, su contenido artefactual o de otro tipo y la interpretación del origen de los componentes estratigráficos.

Estrato antrópico:
Es aquel creado deliberadamente por el hombre y que cambia la deposición natural del estrato geológico.

Interfacies:
Estas pueden ser de 4 tipos, Según Harris (1991): interfacies de destrucción, de estratos horizontales, de estratos verticales, y de períodos. Constituyen en su estado original la superficie o cara de un estrato. Cuando se produce un rompimiento de este por una excavación o algún tipo de corte se produce entonces una interfacie de destrucción.

Registro arqueológico:
Es el yacimiento donde se encuentran registrados una serie de restos u objetos fosilizados por la acción de la naturaleza en conjugación con el paso del tiempo y que constituyen la huella material de la interacción dialéctica que se produce entre el hombre y la naturaleza. Estos restos así fosilizados son el resultado de una serie de procesos anteriormente dinámicos, y que en este momento, son portadores de una serie de informaciones cuya interpretación corresponde al arqueólogo como científico especializado en este tipo de lectura.

Principios de estratigrafía arqueológica:
Constituyen una serie de leyes que rigen la estratigrafía específicamente arqueológica y que el Dr. Harris toma de la Geología adaptándolas a nuestra ciencia. De esta manera, el arqueólogo se arma de una herramienta poderosa a la hora de enfrentarse a la excavación del registro arqueológico.

ÍNDICE

www.ingramcontent.com/pod-product-compliance
Ingram Content Group UK Ltd.
Pitfield, Milton Keynes, MK11 3LW, UK
UKHW041935190726
13854UKWH00004B/1610